D1090284

LA TRANSFORMATION INTÉRIEURE

Note sur l'auteure

Shakti Gawain est l'auteure de plusieurs livres à succès, dont *Techniques de visualisation créatrice*, *Vivez dans la lumière*, *Retour au jardin*, *Un instant, une pensée*. Animatrice chaleureuse, éloquente, inspiratrice, elle dirige des ateliers de croissance dans le monde entier. Depuis près de vingt ans, des milliers de personnes ont appris avec son aide à faire confiance à leur vérité intérieure et à la vivre, libérant et développant ainsi leur créativité dans chaque domaine de leur vie.

Shakti et son époux, Jim Burns, ont créé dernièrement leur propre maison d'édition, Nataraj Publishing. Ils habitent Mill Valley, en Californie, et l'île de Kauai.

SHAKTI GAWAIN

LA TRANSFORMATION
INTÉRIEURE

Notre guérison peut changer le monde

traduit de l'américain par
Céline Parent-Pomerleau

Données de catalogage avant publication (Canada)

Gawain, Shakti, 1948-

La transformation intérieure : notre guérison peut changer le monde

Traduction de : Path of transformation.

Comprend des réf. bibliogr.

ISBN 2-920083-86-4

1. Morale pratique. I. Titre.

BJ1581.2.G3814 1994   158'.1   C94-941279-1

Conception graphique
de la page couverture : Carl Lemyre

Infographie : Deval Studiolitho Inc.

Titre original : *The Path of Transformation*
                 Nataraj Publishing

ISBN 2-920083-86-4

Dépôt légal : 4ᵉ trimestre 1994
             Bibliothèque nationale du Québec
             Bibliothèque nationale du Canada

Distribution : Diffusion Raffin
             7870, Fleuricourt
             St-Léonard (Québec)
             H1R 2L3

À tous les amis et les guides qui me sont venus en aide
sur la voie de ma propre transformation

REMERCIEMENTS

J e remercie de tout cœur mon éditeur, Hal Bennett. Votre
créativité et votre expertise ont ajouté énormément à ce
livre et au plaisir que j'ai éprouvé à l'écrire.

Je souhaite vous exprimer ma reconnaissance, Jane
Hogan, pour votre clairvoyance et votre travail acharné lors
de la création de Nataraj Publishing. Kathy Altman, pour
vos suggestions concernant ce livre et votre appui. Karen
Lamoreux, pour avoir contribué à donner forme au livre,
ainsi qu'à toutes les autres personnes associées à Nataraj
Publishing qui ont collaboré, directement ou indirectement,
à la production de ce livre. Merci en outre à toute l'équipe
du Atrium Publishers Group : leur grande perspicacité nous
aide à voir loin.

La dernière personne n'est certes pas la moins importante : je veux remercier tout spécialement mon époux et
partenaire, Jim Burns, pour la chaleur de son appui à tous
les niveaux.

À QUI S'ADRESSE CE LIVRE

S i vous venez d'ouvrir ce livre et ignorez si vous voulez le lire ou non, les explications suivantes vous aideront peut-être à prendre une décision. Si l'un ou plusieurs de ces énoncés s'appliquent à vous, il y a d'excellentes chances pour que vous découvriez que ce livre mérite d'être lu :

❖ Vous faites face à un ou plusieurs défis importants dans votre vie personnelle concernant votre santé ou votre bien-être, vos relations, votre travail, vos finances, votre créativité ou tout autre domaine.

❖ Vous vous préoccupez beaucoup des problèmes du monde, tels la famine, la maladie, la pauvreté, la guerre, le racisme, le sexisme, la toxicomanie, la désintégration de la famille, la destruction de l'environnement, et :

Vous faites tout ce qui est en votre pouvoir pour découvrir des solutions à ces problèmes sur les plans social, politique et/ou spirituel ; ou,

Vous vous sentez impuissant et démuni devant ces problèmes en apparence insurmontables, et vous vous demandez s'il y a quelque chose à faire pour vraiment y changer quelque chose.

❖ Vous cheminez sur le plan de la conscience depuis un bon moment et avez beaucoup investi dans le travail intérieur. Vous vous sentez prêt à revenir dans le monde, sans trop savoir comment effectuer avec intégrité le passage de l'intérieur à l'extérieur. Peut-être vous interrogez-vous sur l'utilité que pourra avoir tout le travail accompli sur le plan de la conscience dans la recherche des solutions aux épineux problèmes du monde contemporain.

❖ Vous vous êtes appliqué à la pratique spirituelle, peut-être en suivant une seule voie, un seul guide, ou plusieurs. Néanmoins, vous avez l'impression de faire du surplace dans certains domaines de votre vie. Vous vous demandez pourquoi vos progrès sont aussi lents et ne réussissez pas à appliquer efficacement vos connaissances spirituelles dans votre vie quotidienne.

❖ Vous avez beaucoup travaillé sur vous-même au niveau psychologique et aspirez à mieux saisir l'étendue des possibilités qu'offre l'existence.

❖ Vous avez effectué un travail de guérison (d'une forme de dépendance) et vous vous demandez ce que vous devez faire ensuite.

❖ Vous êtes une personne du « nouvel âge » qui aborde la vie avec optimisme ; toutefois, vous vous demandez pourquoi vous ne cessez de vivre des expériences éprouvantes, de rencontrer des mendiants, des gens en colère, ou témoignant d'une autre forme d« ignorance ».

❖ Vous sentez un intérêt pour le travail intérieur, mais ne pouvez souffrir les côtés plus « bizarres » du mouvement nouvel âge.

❖ Vous n'avez jamais pratiqué aucune forme de travail intérieur et ignorez au juste en quoi cela consiste, mais vous sentez le besoin de donner du sens et de la profondeur à votre vie.

❖ Vous êtes en train de vivre une transition majeure, de délaisser une expérience familière pour vous ouvrir à l'inconnu.

❖ Vous avez rencontré des difficultés, vécu un bouleversement, et vous cherchez à savoir pourquoi.

La liste s'est révélée plus longue que je ne m'y attendais... Mais voilà, c'est comme ça. Essayez les différentes «chaussures» que je vous ai décrites, et s'il y en a qui vous vont, mettez-les pour poursuivre votre ascension sur la voie...

POURQUOI J'AI ÉCRIT CE LIVRE

La vie sur notre planète paraît s'accélérer alors que nous avançons à grands pas vers le nouveau millénaire. Les problèmes auxquels la plupart d'entre nous font face représentent de véritables défis – sur le plan du travail, de la santé, des finances, de la vie familiale. Nous ne sommes pas certains de connaître la meilleure façon de relever ces défis. Notre façon traditionnelle de vivre, de travailler, d'entrer en relation avec les autres et avec notre environnement ne semble plus adéquate, et pourtant, nous avons peu de modèles de comportements nouveaux et efficaces.

L'humanité dans son ensemble se trouve en face de problèmes plus accablants encore. Les choses semblent se dégrader au niveau mondial. Nous nous demandons pourquoi il existe tant de douleur, de souffrance et de conflits partout sur la planète. La majorité d'entre nous ne savent que faire pour y remédier, c'est pourquoi nous ne faisons pas grand-chose ou rien du tout.

J'ai écrit ce livre afin d'aborder ces questions et de partager les idées et les perspectives qui m'ont le mieux aidée à faire face à mes difficultés personnelles ainsi qu'à la situation mondiale. Je veux préciser la nature des défis que je nous vois appelés à relever dans les années 90, ainsi que la meilleure façon d'y parvenir. J'ai l'intention de proposer des notions et des outils permettant de résoudre plus efficacement les problèmes personnels, de donner mon point de vue sur les causes de l'agitation exceptionnelle qui sévit dans le monde et de suggérer des solutions que je crois appropriées.

Je souhaite aussi dissiper en partie la confusion que j'observe dans le mouvement du développement de la conscience, également connu sous les noms de mouvement nouvel âge ou mouvement du potentiel humain. Comme j'ai beaucoup voyagé pendant plusieurs années, animant des ateliers partout dans le monde, j'ai été amenée à m'intéresser à certaines questions qui semblent donner du mal à beaucoup d'honnêtes chercheurs. Je crois que bon nombre de ces difficultés sont attribuables au fait que plusieurs chefs de file et philosophies nouvel âge empruntent aux enseignements des anciennes traditions spirituelles sans les adapter pleinement au monde moderne et au stade actuel d'évolution de l'humanité. Trop de gens s'évertuent à suivre une voie qui, à mon sens, ne répondra, en définitive, ni à leurs besoins ni à ceux du monde.

Il est une autre question que j'ai voulu aborder ici: même si elles sont d'un certain secours, plusieurs formes traditionnelles de psychothérapie laissent en plan un aspect important du paradigme de guérison en excluant la dimension spirituelle ou transpersonnelle de la vie humaine. Dans le monde actuel, une majorité de personnes sont complètement coupées de leur essence spirituelle, ce qui vient amputer de façon majeure le processus de guérison. Trop souvent, le travail de guérison émotionnelle n'atteint pas non plus les niveaux plus profonds. Peu de patients ou de thérapeutes savent à qui s'adresser pour obtenir une guérison en profondeur sur tous les plans.

Je suis aussi préoccupée par l'abîme grandissant que j'observe entre plusieurs personnes qui œuvrent consciemment pour l'introduction de réformes politiques, sociales et en matière d'environnement, et celles engagées de la même façon dans un processus de croissance personnelle. Les deux groupes rêvent d'un monde plus sain, plus harmonieux et s'emploient de toutes leurs forces à améliorer les choses. Toutefois, il n'existe pas de consensus sur la façon d'opérer un changement véritable. Il est nécessaire que nous travaillions ensemble, que chacun comprenne et respecte la contribution de l'autre.

Il est impossible de transformer nos vies et de changer le monde soit en nous concentrant exclusivement sur des solutions extérieures, soit en suivant une voie transcendante ou spirituelle traditionnelle qui nie ou minimise l'importance et la réalité de l'univers physique. Nous devons plutôt choisir une solution de rechange que j'appelle la voie de la transformation. Sur cette voie, nous nous consacrons à l'intégration de nos aspects humains et spirituels et apprenons à vivre sur terre en êtres complets, dans l'équilibre et la plénitude.

Les défis actuels ne pourront être relevés efficacement et concrètement que par une transformation de la conscience, qui, en fait, est déjà en train de s'accomplir à travers le monde. Il faut que nous prenions conscience, au plus profond de notre être, que nous faisons partie d'un tout, et que le comportement de chacun d'entre nous a une influence considérable sur nous tous. Les crises que nous vivons à l'échelle mondiale sont liées à nos processus individuels et en sont le miroir. Seule une guérison de notre être à tous les niveaux – physique, émotionnel, mental et spirituel – nous permettra de guérir la planète.

J'espère que ce livre pourra éclairer les lecteurs à tous les stades de leur quête de la conscience – les néophytes, mais aussi ceux qui souhaitent s'engager plus avant sur la voie. Je souhaite que le présent ouvrage puisse aider chacun de mes lecteurs à comprendre qu'il importe de guérir, de développer et d'intégrer tous les aspects de notre être.

Je forme aussi le souhait que le message que j'ai tenté de communiquer dans ces pages puisse être utile à ceux qui ont déjà accompli un travail intérieur et d'intégration à tous les niveaux et qui désirent à présent faire fructifier leurs connaissances dans le monde de manière constructive et efficace.

En réalité, le message de ce livre est fort simple : Chacun de nous peut représenter une différence réelle et substantielle sur cette planète. En vous engageant personnellement dans une quête de la conscience, vous assumez vraiment un rôle marquant dans la transformation du monde.

PREMIÈRE PARTIE

Nous pouvons changer le monde

Ne doutez jamais qu'un petit groupe de citoyens sérieux et engagés ait le pouvoir de changer le monde. À vrai dire, c'est la seule façon d'y parvenir.

MARGARET MEAD

QUELLE EST VOTRE VISION DE L'AVENIR ?

Dans le présent ouvrage, nous explorerons les pensées, les sentiments, les peurs et les rêves que nous avons face à notre avenir personnel et à celui de notre monde. Tout d'abord, j'aimerais vous inviter à accomplir le court exercice suivant, pour vous aider à entrer en contact avec certains de vos sentiments, de vos pensées, avant de lire ce que j'ai à vous dire.

Donc, avant que vous n'abordiez le premier chapitre, je veux vous demander de prendre quelques instants, de lire en entier l'exercice suivant, puis de fermer les yeux et de l'accomplir. (Si vous préférez ne pas le faire, c'est très bien – passez simplement au premier chapitre.)

Asseyez-vous confortablement dans un endroit tranquille. Vous pouvez avoir un stylo et du papier à portée de la main, si vous voulez. Fermez les yeux, puis respirez à fond, lentement, à quelques reprises. Posez-vous la question suivante : « Quelle est ma vision de l'avenir ? Quels sont mes sentiments à ce propos ? »

Commencez par vous concentrer sur les images, les pensées et les sentiments que vous associez à votre avenir personnel. Comment vous représentez-vous vos perspectives d'avenir quant à votre carrière, vos finances, votre famille, vos amis, votre santé et votre forme physique (y compris les sentiments qu'éveille en vous la perspective de votre vieillissement), ainsi que votre bien-être général ?

Vous n'avez qu'à vous asseoir et à noter les pensées, émotions et images qui vous viennent. Essayez d'être très sincère avec vous-même et accueillez toutes les pensées, tous les sentiments que vous avez à ce propos, qu'ils soient positifs ou négatifs. Certaines des réponses intérieures suscitées par ces questions pourront paraître contradictoires ou déroutantes. Par exemple, une question pourrait éveiller simultanément en vous des sentiments tant positifs que négatifs. C'est tout à fait naturel et parfaitement acceptable. Prêtez simplement attention à toute la gamme de vos sentiments.

À présent, élargissez votre cercle d'intérêt pour imaginer l'avenir de votre localité, de votre pays, de l'humanité, du milieu naturel, de la planète. Contentez-vous de noter les images, les pensées et les sentiments qui surgissent lorsque vous essayez d'imaginer l'avenir du monde. Une fois encore, efforcez-vous d'être aussi sincère que possible et ne vous inquiétez pas si les réponses éveillées en vous semblent quelque peu contradictoires ou déconcertantes. Vous pourriez, par exemple, voir surgir la pensée suivante : « Il y a tant de ressources pour effectuer des changements constructifs... mais je me demande si nous ne nous détruirons pas avant d'avoir l'occasion de les réaliser ! »

Vous pourrez ouvrir les yeux lorsque vous aurez l'impression d'avoir terminé l'exercice. Si vous en avez envie, prenez le stylo et la feuille de papier, ou votre journal, et notez avec le plus de détails possible ce qui s'est manifesté à vous lorsque vous avez imaginé votre avenir personnel et celui de notre planète. Si vous le préférez, vous pouvez dessiner vos images et vos émotions à l'aide de crayons ou de stylos de couleur.

FACE À L'AVENIR

L'humanité est un processus continu d'évolution consciente. En ce moment, nous accomplissons un pas de géant sur le plan de la conscience – un grand bond en avant dans ce processus évolutif.

Que ressentez-vous en songeant à l'avenir? Si vous êtes comme la majorité d'entre nous, il est possible que vous éprouviez des sentiments contraires en envisageant cette question.

Si vous êtes une personne particulièrement optimiste, ou si votre journée se déroule à merveille, il y a des chances que vous imaginiez pour vous-même et pour nous tous un avenir brillant, plein de promesses. Si vous êtes une personne plutôt cynique ou pessimiste, ou que vous vivez une journée difficile, il est possible que vous prévoyiez un avenir sombre ou incertain pour autrui comme pour vous-même.

J'ai constaté toutefois que la majorité des gens, moi y compris, éprouvent des sentiments contradictoires lorsqu'ils doivent répondre à cette question. D'une part, nous sommes confiants, enthousiastes et, jusqu'à un certain point, fascinés à l'idée de ce que l'avenir peut réserver. D'autre part, nous éprouvons des doutes, des inquiétudes, peut-être même de l'appréhension et du désespoir. Souvent, nous nous sentons désorientés, impuissants, quant à ce qu'il convient de faire. Nous ne savons trop comment résoudre nos difficultés personnelles et moins encore les gigantesques problèmes mondiaux que nous observons de loin.

Il est parfaitement normal que nous soyons si nombreux à être déchirés. On ne peut nier que l'époque actuelle soit inquiétante... la plus angoissante, peut-être, que cette planète ait connue. La majorité des gens sont aux prises avec de douloureux problèmes personnels. Nos rapports avec les autres ne semblent plus répondre à nos attentes. Les mariages se désagrègent. Des enfants sont victimes d'actes de violence. Les toxicomanes sont nombreux. Un ami, un membre de notre famille (ou nous-même) souffre peut-être d'une maladie contre laquelle il n'existe aucun remède. Certains d'entre nous sont sans emploi ; d'autres sont peu satisfaits de celui qu'ils occupent. Beaucoup d'entre nous se ruinent la santé en étant des bourreaux de travail. Il est possible également qu'un proche ou que nous-même soyons aux prises avec un problème de dépendance à l'alcool, aux médicaments, aux drogues, à la nourriture ou à d'autres substances ou activités.

Et comme si cela ne suffisait pas, lorsque nous portons notre regard au-delà de notre vie personnelle, nous voyons des problèmes plus graves encore. Des guerres font rage dans toutes les régions du globe. Les habitants de plusieurs pays sont victimes d'une cruelle répression de la part de leur gouvernement. Les pays du Tiers-Monde se font exploiter par les nations industrialisées. Le chaos et les désastres économiques nous menacent. Nous observons une escalade de la violence dans nos villes, et la présence des sans-abri est devenue un terrible problème. La consommation de stupéfiants prend l'allure d'une épidémie impossible à enrayer. Le fait que nous soyons en train de détruire le milieu naturel indispensable à notre vie représente probablement la pire des menaces.

Parce qu'il est désagréable et pénible d'affronter ces réalités et les sentiments qu'elles éveillent, la plupart d'entre nous essaient de se concentrer sur autre chose. Cependant, pour avoir le courage de faire face à nos problèmes personnels ainsi qu'à ceux de la planète, et pour tenter de les résoudre, nous devons tout d'abord être assez sincères pour reconnaître l'angoisse, la confusion qui peuvent nous habiter, et à quel point la situation paraît accablante. Pour relever n'importe quel défi, la première chose à faire est de l'identifier et de découvrir quels sont nos sentiments à ce sujet. Ce n'est qu'en faisant face à nos problèmes et à nos peurs que nous parviendrons à trouver des solutions constructives et efficaces.

Face à d'aussi graves difficultés dans notre vie personnelle et devant l'état lamentable du monde (une situation confirmée chaque soir au bulletin d'informations), que pouvons-nous éprouver sinon du désespoir? Pourquoi nous donner la peine d'espérer? Parce que même si l'époque actuelle est angoissante, il s'agit en même temps de la période la plus riche de possibilités que le monde ait connue jusqu'ici.

L'humanité est un processus continu d'évolution consciente. En ce moment, nous accomplissons un pas de géant sur le plan de la conscience – un grand bond en avant dans ce processus évolutif. Il s'agit probablement de l'événement le plus excitant qui soit jamais survenu sur ce plan d'existence. Je crois qu'au niveau de l'âme, nous avons tous choisi d'être ici, à ce moment, afin d'y participer. Nous avons pris l'engagement d'être ici et d'oeuvrer corps et âme, et à présent nous observons en retenant notre souffle, anxieux de voir les résultats ! Quelque part, en notre for intérieur, nous savons ce qui peut être réalisé, et nous nous demandons si nous arriverons à le manifester. C'est une vaste question.

Je suis convaincue que la réponse à cette question est entre les mains de chacun d'entre nous. En prenant part personnellement à ce processus de changement et de croissance, chacun de nous a non seulement le pouvoir de transformer sa propre vie, mais également de contribuer considérablement à la transformation de la vie sur notre planète.

LES CRISES DE GUÉRISON DANS NOS VIES PERSONNELLES

La crise de guérison survient lorsqu'un certain mode de vie ou une manière d'être ne conviennent plus, et que nous nous accrochons inconsciemment à cet ancien schéma parce qu'il est sécurisant et familier.

Comme vous l'avez peut-être remarqué, il faut souvent une crise personnelle quelconque pour catalyser le changement véritable et la croissance dans nos vies. Si vous prenez le temps d'y réfléchir, vous arriverez probablement à vous rappeler qu'une période de bouleversement – peut-être déclenchée par la mort d'un être cher, une rupture, un échec financier ou la perte d'un emploi, un accident ou une maladie – vous a d'abord plongé dans la confusion et le chagrin pour finalement amener une prise de conscience, clarifier votre compréhension des choses et ouvrir de nouvelles perspectives dans votre vie. Il y a de fortes chances que vous reconnaissiez le même modèle en observant la vie des gens que vous connaissez. Les périodes de grand remous et d'incertitude peuvent ouvrir des portes, en particulier lorsque nous avons la volonté et la capacité de chercher les occasions de croissance dans une situation donnée, au lieu de nous laisser tout bonnement écraser par les circonstances extérieures.

Il est dans la nature de l'âme humaine de progresser constamment dans la conscience, de prendre un grand essor, d'avancer vers des défis plus importants. Cependant, la personnalité humaine a comme première tâche d'essayer de survivre dans la forme physique et de satisfaire le mieux possible ses besoins physiques et émotionnels. Certains aspects de notre personnalité veulent se développer et se transformer, et reconnaissent la nécessité et les bienfaits de la croissance. D'autres parties de nous-même préfèrent s'attacher à tout ce qui nous a réussi dans le passé. Ces voix intérieures plaident pour le conformisme : « Nous avons survécu jusqu'ici, n'est-ce pas ? Pourquoi changer une chose qui marche bien ? » Ces dernières correspondent aux aspects de notre psyché qui nous pressent de persister dans nos anciens schémas sécurisants et confortables, au lieu d'essayer de nouvelles approches dont nous ne pouvons affirmer l'efficacité.

Il est important de reconnaître ces tendances en apparence contradictoires à l'intérieur de nous-même afin de comprendre comment elles influencent les choix que nous faisons dans notre vie et peuvent réellement travailler de concert, même si nous pourrions croire le contraire au premier abord. La tension entre les parties de nous-même qui veulent changer et grandir et celles qui veulent rester dans la sécurité du connu est à l'origine de ce que l'on appelle une « crise de guérison ».

La crise de guérison survient lorsqu'un certain mode de vie ou une manière d'être ne conviennent plus, et que nous nous accrochons inconsciemment à cet ancien schéma parce qu'il est sécurisant et familier. Notre réaction lors d'une telle crise peut varier considérablement, selon ce que nous sommes, et en fonction d'autres influences qui peuvent s'exercer sur nous à ce moment. Il est possible que nous trouvions satisfaisant et réconfortant un modèle de comportement qui a perdu son énergie, sans nous rendre compte que notre âme – qui est toujours favorable au développement – est prête à nous guider vers un autre niveau. Il se peut également que nous éprouvions un sentiment de frustration, d'impuissance, et que nous désirions un changement sans avoir tout à fait la volonté ou la capacité de l'opérer. Par conséquent, nous créons inconsciemment une crise physique, émotionnelle, mentale ou spirituelle qui vient nous arracher à nos habitudes pour nous projeter dans l'inconnu.

Les crises de guérison sont toujours désagréables et peuvent souvent se révéler terrifiantes et douloureuses. Elles peuvent donner l'impression que notre univers personnel est menacé d'anéantissement, que notre vie se désagrège. Le malheur et l'adversité peuvent nous sembler omniprésents. Souvent, nous nous adressons des reproches, en pensant que nous avons commis une faute horrible ou que, pour une raison ou pour une autre, il y a quelque chose qui ne va pas en nous.

En réalité, c'est tout simplement que l'une de nos façons d'entrer en rapport avec le monde ne nous convient plus. Une ancienne manière d'être est en train de se dissoudre pour faire place à une approche nouvelle, plus large, plus consciente. Dans notre vie, les phénomènes extérieurs sont le miroir de ces processus internes. Ainsi, nous pouvons perdre un emploi parce qu'il est trop restrictif; il ne nous permettrait pas de nous diriger dans la direction que nous devons prendre. La mort d'une personne chère peut s'expliquer par le fait que nos deux âmes se dirigent vers des plans nouveaux, l'une poursuivant sa route dans son corps physique, l'autre accédant à une réalité immatérielle. Nous pouvons contracter une grave maladie afin de faire face à la nécessité de changer ou de faire un choix entre poursuivre notre expérience dans un corps physique ou aller vers la réalité immatérielle.

Si vous avez déjà traversé des crises semblables et que celles-ci sont devenues pour vous des occasions de croissance, vous serez probablement en mesure de reconnaître, après coup, à quel point l'expérience fut vitale. Il est possible que votre position actuelle vous permette même de vous rendre compte que vous ne voudriez jamais revenir à votre mode de vie ou votre niveau de conscience antérieurs.

Je sais qu'il y a eu, dans ma propre vie, des périodes douloureuses, comme au moment d'une rupture ; j'étais convaincue que mon univers était en train de s'écrouler. Pourtant, en songeant à ces périodes du passé, et en les envisageant dans le contexte d'un itinéraire personnel, je suis en mesure de constater à quel point elles furent nécessaires – comme si, au lieu de se fermer, des portes s'étaient ouvertes devant moi.

Heureusement, dans la plupart des cas, il n'est pas nécessaire que nous traversions de graves crises pour apprendre, tandis que nous progressons sur le plan de la conscience et approfondissons notre compréhension du processus de la croissance. Nous apprenons à réagir plus rapidement aux indications plus subtiles que la vie nous donne afin de nous signaler qu'il est temps de changer ! Comme nous avons déjà traversé des périodes difficiles et que nous en avons ressenti les effets positifs, notre confiance s'est quelque peu développée. Il est chaque fois plus facile de nous abandonner au changement, de lâcher prise, de nous ouvrir à la nouveauté. Néanmoins, c'est toujours une expérience jusqu'à un certain point inquiétante et difficile, et nous devons avoir de la compassion pour ceux qui traversent une crise de guérison, qu'il s'agisse d'autrui ou de nous-même.

L'expérience vécue par l'une de mes amies en est un parfait exemple. Elle avait été heureuse en affaires avec son associé pendant plusieurs années. Puis un jour, ce dernier lui annonça qu'il voulait s'établir à son compte. Ce fut un coup terrible pour mon amie, qui croyait ne jamais pouvoir réussir sans ses connaissances et son appui. Avec le temps, elle fit face à bon nombre de ses appréhensions et de ses incertitudes et identifia, dans son propre comportement, certains schémas opposés à la réussite. Elle tira un enseignement de l'ensemble de la situation. Aujourd'hui, elle possède sa propre entreprise et jouit de son indépendance et de sa force nouvellement acquises. Au moment où il se produisit, le changement lui avait paru catastrophique, et pourtant, il a mené à la guérison, la croissance et l'évolution.

Je crois que les traditions philosophiques et spirituelles orientales ont une compréhension plus approfondie des processus de changement et de croissance que les traditions occidentales. Dans la religion hindouiste, il existe une trinité formée de trois divinités principales – Brahmâ, le créateur, Vichnou, le préservateur et Shiva, le destructeur. En Occident, l'idée de vénérer « Le destructeur » et « Le Créateur » côte à côte nous semblerait plutôt révoltante. Pourtant, ce concept est le fruit d'une profonde compréhension des polarités naturelles de la vie – la vie qui englobe la mort et la renaissance, la continuelle destruction des formes anciennes cédant la place à des formes nouvelles. De fait, Shiva est le danseur cosmique – le patron de la musique, de la danse et des arts – et l'on dit que sa danse maintient l'univers en mouvement[1].

LE MONDE EN CRISE
DE GUÉRISON

Tout ce que nous avons nié et cherché à enterrer pendant des siècles fait surface, exige la genèse d'une nouvelle conscience. Le temps est venu de reconnaître que nous nous accrochons à des schémas de pensée et de conduite devenus inefficaces.

Nous pouvons faire l'expérience d'une crise de guérison sur le plan personnel lorsque nous sommes disposés à vivre une transformation, un changement majeurs ; il en va de même au niveau collectif ou planétaire. C'est exactement ce que nous vivons présentement. L'humanité accomplit un pas de géant sur le plan de l'évolution de la conscience. Et ce mouvement en avant de l'âme collective se manifeste aujourd'hui partout dans le monde sous la forme d'une crise de guérison à l'échelle planétaire.

Pour bien saisir ce phénomène, il nous faut comprendre les mécanismes du processus de l'évolution consciente. Avec la croissance, l'évolution et l'élargissement de notre conscience individuelle et collective, les anciens modèles ne conviennent plus... Comme si en s'élargissant, notre conscience débordait des structures autrefois efficaces. Dans le passé, ces modèles furent parfaitement appropriés ; ils nous ont soutenus, nous ont permis de nous exprimer. Mais à présent, ils ne nous servent plus. En grandissant intérieurement, c'est comme si nous laissions derrière ces anciens moules où nous étions enfermés. Ils commencent à s'effriter dès l'instant où nous en sortons. Ils doivent tomber en pièces afin de créer l'espace nécessaire au développement. Nous tirons de cette conscience élargie de nouveaux modèles plus flexibles, qui nous servent d'appui sur ce nouveau palier de la conscience où nous sommes parvenus.

Sur le plan personnel, nous pouvons observer directement ce processus lorsque nous perdons un emploi qui ne nous satisfait plus comme autrefois, ou voyons se désagréger une relation d'habitude sécurisante et réconfortante, mais qui nous étouffe de plus en plus à présent. Sur le plan collectif, nous sommes en présence de ce processus lorsque nous voyons les systèmes politiques et économiques s'effondrer et les institutions se désintégrer ou changer radicalement. La chute du mur de Berlin, la dissolution de l'Union soviétique, et l'abandon de notre mentalité de « guerre froide » sont des exemples saisissants de ce processus de transformation qu'il nous a été donné d'observer récemment. Si ces changements peuvent paraître positifs, il est quelquefois plus difficile de considérer nos crises économiques, la violence dans nos villes et l'épidémie de consommation de stupéfiants comme une évolution sur le plan de la conscience. Mais souvenez-vous que les institutions anciennes doivent s'écrouler pour faire place à de nouvelles. Nous sommes témoins de l'aspect « effondrement » du processus. Nous sommes prêts maintenant à reconnaître et à admettre ce qui a échoué dans nos anciens modes d'action, si bien que nous sommes en mesure de recréer les choses d'une façon nouvelle, plus consciente.

Lorsque nous prenons conscience de ce qui est possible, tant individuellement que collectivement, notre ancienne façon d'agir devient tout à coup évidente et notre comportement nous apparaît sous un nouveau jour. Ce qui semblait parfaitement normal jusqu'alors pourra sembler très limité, inefficace, ou même un peu idiot. C'est comme si nous avions trouvé un point d'appui sur le plan de la conscience et que cela nous permettait de regarder derrière nous et de constater les insuffisances de notre état de conscience antérieur.

Dans votre vie personnelle, par exemple, il se peut que vous commenciez à identifier un modèle dysfonctionnel, allant à l'encontre du but que vous recherchez dans une certaine relation. Il est même possible que vous vous surpreniez à reproduire ce modèle de comportement pendant un certain temps, parce qu'une partie de vous-même s'accroche à cette conduite familière, même si vous êtes conscient de ses failles et constatez qu'elle ne vous réussit pas. C'est uniquement parce qu'une autre partie de vous-même accepte déjà d'envisager d'autres comportements que cette prise de conscience vous est possible. Tôt ou tard, vous vous surprendrez à adopter une manière d'agir nouvelle et plus satisfaisante.

La *prise de conscience* des anciens types de comportement que nous avons adoptés pour faire face à la vie représente l'étape capitale de notre croissance. L'un de mes maîtres avait l'habitude de dire: « 90 pour cent du changement provient de la prise de conscience. L'autre 10 pour cent consiste à remettre de l'ordre. »

Une femme de ma connaissance avait toujours été poussée par le besoin de gagner beaucoup d'argent. Elle réussissait plutôt bien sur ce point, mais, acharnée à réaliser ses objectifs, elle exigeait trop d'elle-même et consacrait d'innombrables heures au travail, sacrifiant du même coup sa vie personnelle et d'autres besoins affectifs. Elle entreprit une thérapie et commença à se rendre compte du profond déséquilibre qui s'était installé dans sa vie. Néanmoins, il lui fallut un an environ avant de réussir à s'arracher de son mode de vie compulsif. Si elle avait désormais conscience de la souffrance qu'il lui apportait, elle ne pouvait se résoudre à effectuer tout changement significatif. Elle finit par diminuer ses heures de travail et se mit à consacrer ses soirées et ses week-ends à la détente, au ressourcement et au divertissement. Par la suite, elle prit un congé sabbatique d'un an, pour s'occuper d'elle-même et définir ce qu'elle désirait, ce dont elle avait vraiment besoin pour être heureuse. Au cours de cette période, elle prit des décisions importantes et fit des découvertes capitales sur elle-même. Elle occupe aujourd'hui un emploi qu'elle aime : elle a un horaire de travail normal, gagne moins d'argent qu'avant et adore la vie qu'elle mène !

En perpétuant nos anciens schémas de conduite sans nous en rendre compte, il est possible au fond que nous cherchions à engourdir notre douleur. Ensuite, lorsque nous finissons par adopter un nouveau type de comportement, nous éprouvons une satisfaction, un bonheur plus grands. La plus difficile des étapes, c'est le stade intermédiaire où nous prenons conscience de ce qui ne va pas tout en demeurant plongés dans cette situation. C'est à ce moment que tous les moyens auxquels nous avons eu recours pour endormir notre douleur perdent en partie leur efficacité. Nous découvrons alors l'intensité de notre souffrance. Nous devons franchir cette étape nécessaire et riche en possibilités, aussi difficile soit-elle. Il nous faut faire preuve de patience et de compassion envers nous-même, sachant que le changement véritable demande du temps.

Aujourd'hui, nous avons atteint ce stade intermédiaire qui pose un défi au monde entier. Un grand nombre d'entre nous prennent conscience que notre monde va mal de bien des façons. Le temps est venu d'apporter des changements, mais nous ne savons pas encore comment les opérer. Nous nous affairons sans rien faire de valable, sachant parfaitement à quel point nos anciennes habitudes sont destructrices et douloureuses, mais ignorant au juste ce que nous pouvons faire d'autre.

Prenons l'exemple de la guerre. Du début de l'histoire de l'humanité jusqu'à nos jours, on a considéré, dans la majorité des cultures, que la guerre était un moyen inévitable, normal et efficace de résoudre les conflits. Mais ces derniers temps, un nombre toujours croissant de gens reconnaissent que la guerre est inutilement destructrice, et qu'il est insensé et barbare, pour des êtres humains, de tenter de résoudre leurs problèmes par ce moyen. En fait, plusieurs d'entre nous commencent à trouver que c'est de la pure démence ! Partout, des hommes et des femmes refusent absolument d'y prendre part ou de l'envisager comme une méthode susceptible de régler quelque conflit que ce soit. Néanmoins, il continue d'y avoir des guerres en grand nombre. Cela est dû au fait que la collectivité internationale fonctionne encore en grande partie suivant l'ancien schéma, ignorant toujours ce qu'elle pourrait faire d'autre.

La nouvelle réjouissante, selon moi, c'est que nous assistons à l'élargissement et au développement de notre conscience collective, sur ce point et en bien d'autres domaines. Nous sommes de plus en plus nombreux à nous rendre compte des défis fondamentaux que nous avons à relever – dans nos familles, nos systèmes d'éducation, dans nos villes, nos gouvernements, nos systèmes économiques, nos relations internationales, notre environnement planétaire – et de la nécessité de découvrir de nouvelles façons de faire face à ces difficultés.

Tout ce que nous avons nié et cherché à enterrer pendant des siècles fait surface, exige la genèse d'une nouvelle conscience. Le temps est venu de reconnaître que nous nous accrochons à des schémas de pensée et de conduite devenus inefficaces. Nous commençons à nous rendre compte, aussi bien individuellement que collectivement, qu'il est temps de créer nos vies et notre monde différemment. L'heure est au changement et à la transformation.

CRÉER UN VÉRITABLE CHANGEMENT

*Comme le caillou lancé dans l'eau dormante
d'un étang, les pas que nous faisons sur le plan
de la conscience, dans notre vie personnelle,
créent des ondes ténues, mais puissantes, à la
surface du tout.*

La plupart des lecteurs de ce livre s'accorderont pour dire que le temps est venu d'effectuer de profondes transformations dans notre vie et dans le monde. À vrai dire, cette transformation est déjà en cours. Mais nous nous interrogeons : « Comment pouvons-nous appuyer ce processus et y contribuer ? Comment pouvons-nous y participer activement, en tant qu'individu, afin de nous assurer qu'il aille dans le bon sens ? Comment *créer* un changement véritable dans notre vie personnelle et dans le monde ? »

La réponse à ces questions est simple : C'est par la transformation de notre propre conscience que nous parvenons le plus efficacement à changer le monde. Un commentaire que l'on attribue à Mohandas Gandhi l'exprime très bien : « Vous devez incarner le changement que vous souhaitez voir se produire dans le monde. » En devenant plus conscient au niveau individuel, chacun de nous voit sa vie personnelle se transformer. Les difficultés et les anciens schémas de conduite disparaissent progressivement, et nous envisageons les problèmes et les défis nouveaux dans une perspective plus large et avec une sagesse croissante. Notre vie devient profondément satisfaisante, plus équilibrée et mieux accordée avec la mission de notre âme. Chacun d'entre nous fait partie intégrante de la conscience collective et exerce donc une influence subtile mais puissante sur cette conscience collective (et vice versa). Comme le caillou lancé dans l'eau dormante d'un étang, les pas que nous faisons sur le plan de la conscience, dans notre vie personnelle, créent des ondes ténues, mais puissantes, à la surface du tout.

Lorsque nous grandissons sur le plan de la conscience, comme individu, la conscience collective en est transformée. En se modifiant, elle entraîne dans son sillage d'autres individus qui se cramponnent peut-être à des anciens schémas ou ignorent tout simplement comment poursuivre leur route. Aussi, lorsque quelques-uns s'ouvrent les yeux, tout le monde commence à s'éveiller. Et à mesure que la conscience collective s'élargit, les structures sociales, économiques et politiques du monde changent et s'ajustent à ces nouveaux degrés de conscience.

Je suis persuadée que plusieurs d'entre vous, qui lisez cet ouvrage, connaissent déjà le concept selon lequel nous créons notre propre réalité – le principe voulant que nous ayons chacun une part très active dans la création du monde où nous vivons. Ce principe métaphysique s'appuie sur la prise de conscience du fait que l'univers entier est constitué d'un élément unique et fondamental, qu'on appelle « énergie » ou « force vitale ». Par conséquent, tout ce qui existe est en corrélation. Nos pensées et nos émotions sont une forme d'énergie, tout comme notre corps physique et les substances apparemment solides, tels le métal et la pierre. Ayant observé le même phénomène dans le domaine scientifique, plusieurs physiciens modernes s'accordent à dire que nos pensées, nos émotions, notre corps physique et le monde matériel qui nous entoure ont entre eux des liens réciproques et agissent constamment les uns sur les autres.

Ce qui précède nous aide à comprendre comment nous créons chacun continuellement nos propres expériences subjectives de la réalité. Nos croyances personnelles et nos attentes, à l'égard de nous-même, des autres et de l'existence, déterminent notre façon de percevoir la réalité extérieure, le type de personnes, d'événements et de situations que nous attirons et qui nous attirent dans la vie, ainsi que notre façon d'interpréter ce qui nous arrive.

Les expériences qui forment notre vie reflètent de façon très réelle les valeurs, les croyances et les images qui habitent notre conscience. Nos expériences se modifient considérablement avec l'évolution de notre conscience. Les individus qui s'engagent dans une thérapie ou dans un programme en douze étapes afin d'éliminer un modèle causant un phénomène de dépendance en offrent un parfait exemple. Ils peuvent voir leur cercle d'amis se modifier, refléter des intérêts et des besoins nouveaux, à mesure qu'ils changent. Ils prennent conscience d'un éventail de possibilités qu'ils n'auraient pu discerner auparavant. Ils découvrent des relations bien plus satisfaisantes, au niveau émotionnel et spirituel, que tout ce qu'ils étaient en mesure d'apprécier avant. En même temps, leurs sentiments à l'égard d'eux-mêmes deviennent plus positifs et tendent davantage à l'affirmation et au respect de soi. Jouissant d'une connaissance et d'une estime de soi accrues, ils découvrent un univers de possibilités insoupçonnées qui leur était demeuré caché jusqu'à ce qu'ils changent.

Puisque nos expériences sont un miroir fidèle de notre conscience intérieure, nous pouvons effectivement apprendre à considérer nos perceptions du monde extérieur comme des images réfléchies du moi intérieur. De même qu'un regard matinal dans la glace de la salle de bains nous permet de voir notre visage et notre corps physique, nous pouvons prendre conscience de nos schémas de croyance, de pensée et d'émotion les plus profonds grâce aux miroirs que constituent nos expériences dans le monde extérieur. En nous servant des expériences que nous vivons dans le monde comme miroirs, il nous est possible de découvrir les aspects qui ont besoin d'une guérison à l'intérieur de notre propre conscience.

Il n'y a pas longtemps, l'un de mes patients, que j'appellerai Jeffrey, s'est rendu compte que dans chacun des emplois qu'il avait occupé, il avait eu des difficultés avec un collègue ou un directeur excessif et dominateur. Apparemment, il y avait constamment une personne de ce genre, difficile et hyper-critique, regardant par-dessus son épaule, lui dictant tout ce qu'il devait faire. En acceptant d'abord l'idée que l'expérience était une image réfléchie de sa propre conscience, puis en cherchant à découvrir ce que ce reflet lui apprenait sur lui-même, il prit conscience d'un modèle qui s'était établi dès sa plus tendre enfance. Il avait été élevé par un beau-père dominateur, une relation qui s'était révélée difficile et déconcertante pour lui. À cause de cette relation, il avait créé un modèle émotionnel tenace qui continua de l'attirer vers le même type de rapports à l'âge adulte. Toutefois, dès qu'il parvint à reconnaître ce schéma et qu'il devint plus conscient de ses croyances, ses émotions et ses besoins, le modèle disparut.

Parallèlement à cette prise de conscience, Jeffrey commença à se créer un milieu de travail nouveau, plus harmonieux, où il n'avait plus à être piégé en compagnie de gens dominateurs. Au lieu de projeter son propre pouvoir sur des figures d'autorité, il commença à recouvrer le sentiment inné de sa propre force. Comme il avait sainement rétabli sa puissance et son autorité personnelles, son entourage se mit à lui manifester un plus grand respect.

Dès que nous sommes en mesure de comprendre que nous créons en fait notre propre réalité et que nous pouvons assumer la responsabilité des expériences que nous vivons, nous accomplissons un pas extrêmement encourageant dans notre quête de la conscience. Au lieu de nous sentir la victime des circonstances, ou de rejeter la responsabilité de nos problèmes sur autrui, nous pouvons mettre à profit le fait que le pouvoir créateur de l'univers réside en chacun de nous.

Lorsque nous commençons à appliquer ce concept du miroir dans notre vie quotidienne, il se révèle un guide puissant et crédible, un phare qui répand une lumière claire et brillante sur une voie où nous pourrions autrement hésiter. Nous nous mettons à envisager les problèmes qui sont réfléchis dans notre vie comme des représentations graphiques nous indiquant les points dont nous sommes actuellement inconscients. Dotés de ce savoir, nous pouvons guérir et élargir notre conscience. Dès l'instant où nous reconnaissons que les difficultés et les déséquilibres, dans notre vie, réfléchissent nos propres modèles inconscients, nous disposons d'un instrument efficace pour percevoir ces schémas et les changer. Après avoir employé cet outil dans notre vie pendant une période de temps relativement brève, nous réalisons quel pouvoir réel nous avons de créer la vie que nous désirons vraiment.

BLÂME ET RESPONSABILITÉ

Choisir d'être responsable au lieu de nous en prendre à nous-même, c'est dire : « Oui, je suis un être fort et créateur apprenant ce qu'est l'expérience dans un corps physique, apprenant à créer. À présent que je vois et comprends ce que j'ai créé, comment puis-je tirer un enseignement de ma réalité, la corriger et l'améliorer ? »

L e concept selon lequel nous créons notre propre réalité a acquis une popularité de plus en plus grande ces dernières années, en particulier au sein du mouvement nouvel âge. Comme la plupart des principes, il peut facilement être mal interprété. Malheureusement, dans bien des cas, il est employé abusivement et peut faire beaucoup de tort inutilement. On m'a raconté qu'une femme avait refusé de consulter son médecin après être devenue gravement malade, parce qu'elle se sentait tellement coupable d'avoir, d'une façon ou d'une autre, « créé » cette maladie. De toute évidence, ce cas offre un exemple dramatique et potentiellement tragique de l'application abusive de ce principe. Dans le présent ouvrage, je souhaite apporter des explications sur la façon d'employer ce concept dans une perspective de guérison et de croissance.

Il est extrêmement important de comprendre que nous créons notre expérience de la réalité dans cette vie, non seulement au niveau de la personnalité, mais aussi au niveau de l'âme. En d'autres termes, il est possible que nous choisissions, à un niveau spirituel très profond, certaines circonstances et expériences qui contribuent à la croissance et au développement de notre conscience. Elles peuvent parfois être douloureuses ou incompréhensibles sur le plan de la personnalité. Par exemple, nous pourrions choisir inconsciemment une maladie ou un événement en apparence malheureux comme le moyen le plus efficace ou le plus rapide d'apprendre, de grandir et d'évoluer.

Afin d'appliquer le principe du miroir de la conscience de façon constructive, il est nécessaire que nous sachions faire la différence entre la responsabilité et le blâme. Plusieurs d'entre nous ont imaginé leur vie durant que les circonstances extérieures ou les autres étaient la cause des difficultés qu'ils vivaient. Malheureusement, en finissant par comprendre qu'ils sont responsables de leur propre vie, un trop grand nombre d'entre nous commencent à se *blâmer* d'avoir créé les problèmes qui existent dans leur réalité. Par exemple, si je souffre d'une maladie et que j'apprends que je suis en train de créer cette réalité à un niveau quelconque, je pourrai penser, « Qu'est-ce qui me prend de créer cette maladie ? Si j'étais plus avancée sur le plan de la conscience, je serais en santé – ou je serais capable de me guérir instantanément ! » Ou, si j'éprouve des difficultés financières, je pourrai me dire, « Il y a une telle abondance dans l'univers, je devrais par conséquent être capable de créer la prospérité dans ma propre vie. Il doit y avoir des failles ou quelque chose de mauvais en moi, puisque je suis pauvre. »

Cette forme d'autocondamnation n'a rien de commun avec le fait d'accepter la responsabilité de notre vie. Elle constitue plutôt une attaque contre soi-même. Le blâme a la particularité de nous enlever toute envie d'avancer. Et, à cet égard, l'effet est le même, que nous rejetions le blâme sur autrui ou sur nous-même.

Malheureusement, un trop grand nombre de gens engagés dans la quête de la conscience n'arrivent pas à saisir le principe du miroir de la conscience et se blâment violemment, ne comprenant pas ce que signifie accepter la responsabilité de leur réalité. En jetant le blâme sur autrui ou sur nous-même, nous posons un geste foncièrement stérile, issu d'un sentiment d'impuissance. Cette façon d'agir accentue notre impression de malaise et contribue en fait à amplifier cette impuissance. Quoi qu'il en soit, accepter la responsabilité implique de revendiquer notre pouvoir de création et de changement.

Le blâme s'appuie sur l'hypothèse négative qu'une erreur, ou quelque chose de mal, est en train de se produire et que par conséquent, il y a un coupable. Adopter une attitude responsable, d'autre part, exige de nous que nous considérions chaque situation comme une expérience d'apprentissage potentiellement enrichissante. Nous devons développer la capacité d'apprécier la réalité que nous avons créée antérieurement, et envisager les problèmes qu'elle comporte comme des occasions pouvant contribuer à notre croissance et à notre évolution.

Nous ne pouvons être blâmés pour ce qui se passe dans notre vie. Nous blâmer de la réalité que nous vivons présentement équivaut à reprocher à un enfant d'avoir dix ans et non vingt ou trente. Nous évoluons naturellement. Nous avons agi du mieux que nous pouvions jusqu'à aujourd'hui. La vie a ceci d'ironique que, d'instant en instant, nous n'avons qu'une connaissance limitée de notre vie, et que nous ne pouvons faire des choix et prendre des décisions qu'en nous fondant sur ce que nous savons. Exiger davantage de tout être humain est aussi insensé et inutile que de demander à un bébé de six mois d'expliquer ce qu'il veut au lieu de pleurer. Le blâme consiste en un état statique, un état d'immobilisation et de stagnation, alors que la responsabilité – la capacité de répondre – est dynamique et constitue l'essence même de l'évolution.

En considérant la réalité que nous avons manifestée en agissant de façon responsable au lieu de recourir au blâme, nous pouvons apprendre davantage et devenir plus conscient de nos schémas personnels. Choisir d'être responsable au lieu de nous en prendre à nous-même, c'est dire : « Oui, je suis un être fort et créateur apprenant ce qu'est l'expérience dans un corps physique, apprenant à créer. À présent que je vois et comprends ce que j'ai créé, comment puis-je tirer un enseignement de ma réalité, la corriger et l'améliorer ? »

En effectuant un travail intérieur spirituel et psychologique, nous prenons de plus en plus conscience de nos opinions enracinées et de notre système de croyances, ainsi que de nos réactions et modèles émotionnels courants. Il est possible que nous commencions à comprendre comment ces facteurs de notre « réalité intérieure » modèlent et influencent nos expériences au sein de ce que nous considérons comme la « réalité extérieure ». Nous découvrons qu'en guérissant nos blessures émotionnelles et en changeant nos croyances, les expériences de notre vie se transforment, parfois presque miraculeusement. Nous commençons à éprouver de façon concrète que nous créons notre propre réalité.

J'ai été témoin à plusieurs reprises de ce genre de transformation, lors d'ateliers, avec mes patients et dans ma vie privée. Je pense en ce moment à une jeune femme, que j'appellerai Althea, qui avait participé à un atelier que j'avais animé à Los Angeles. Althea n'avait pas parlé à sa sœur depuis des années à cause d'un conflit survenu lorsqu'elles étaient au début de la vingtaine. Au cours de l'atelier, Althea se rendit compte qu'elle s'était accrochée à un ancien modèle de blâme, à un rôle de victime, qui ne lui avait rien apporté sinon la tristesse d'avoir perdu l'amitié de sa sœur. Elle réussit à exprimer les sentiments qui la tenaient éloignée de sa sœur et à lâcher prise. Elle en éprouva un profond soulagement.

Pendant la pause de midi, Althea téléphona à son bureau afin de prendre ses messages téléphoniques. L'un d'eux avait été laissé par sa sœur. Althea la rappela et découvrit que sa sœur était également engagée dans un processus de guérison semblable. Au retour de la pause, Althea nous raconta ce qui s'était passé et nous dit à quel point elle était reconnaissante de pouvoir à nouveau être proche de sa sœur. Selon toute apparence, leur relation avait été restaurée à distance, au moment où Althea avait découvert le modèle de blâme qui l'habitait depuis longtemps et avait réussi à l'abandonner.

Dès l'instant où nous arrivons à embrasser ce concept selon lequel nous créons notre propre réalité, il devient assez facile d'embrasser l'idée que nous participons aussi à la création de la réalité mondiale. Il peut être utile d'imaginer que la conscience individuelle de chacun vit et agit au sein de la conscience collective comme le font les milliards d'êtres qui composent la vie marine. La conscience collective crée la réalité de la collectivité tout comme nous créons chacun notre réalité individuelle. Quelles que soient les attitudes et les croyances le plus solidement et le plus profondément ancrées dans la conscience collective, elles seront manifestées, pour le meilleur ou pour le pire, dans la réalité collective du monde. Les conflits non résolus et la souffrance qui habitent la conscience de millions de personnes à travers le monde peuvent se refléter et, j'en suis convaincue, nous sont reflétés par la guerre, la violence qui sévit dans nos villes et notre mépris des droits des autres êtres humains et de la santé de la Terre.

À mesure que la conscience collective se développe, l'expérience collective de la réalité se modifie peu à peu. Nous voyons l'évolution prendre forme dans notre monde avec les idées nouvelles, les croyances religieuses qui changent, l'apparition de nouveaux systèmes politiques et économiques, et la mise au point de nouvelles technologies. Notre monde, tel qu'il est présentement, est un reflet clair et fidèle de notre conscience collective actuelle.

Il est absolument crucial, à mon avis, que nous comprenions et apprenions à mieux discerner comment notre évolution individuelle modifie automatiquement la conscience collective de notre monde. Bien que nous puissions avoir l'impression de n'être que de simples gouttes dans le vaste océan de la conscience, ce qui est intéressant, c'est que l'évolution de chacune de ces « simples gouttes » est une force terriblement puissante. Il suffit d'un nombre relativement peu élevé d'âmes alignées sur les forces universelles pour influencer considérablement notre réalité globale.

Nous ne devons jamais sous-estimer l'effet potentiel que chacun de nous peut avoir sur la conscience collective, que nous en acceptions la responsabilité ou non. En investissant dans le développement de notre conscience, nous influençons profondément autrui et activons l'évolution de la conscience collective. Nous pouvons véritablement changer le monde par nos efforts individuels. Cela se produit en ce moment même, alors que vous êtes assis et lisez cet ouvrage.

Il est intéressant de noter qu'aucun individu ne peut évoluer en devançant de très loin tous les autres, puisque nous sommes totalement unis au sein de la conscience. Nous évoluons au sein d'un champ de force particulier de la conscience qui nous englobe tous. Bien que nous puissions tenir un rôle qui nous place près du peloton de tête, nous ne pouvons laisser nos semblables loin derrière nous puisque, par essence, nous ne faisons qu'un. Aussi n'avons-nous d'autre choix que d'évoluer ensemble, en amenant tous nos frères et sœurs avec nous.

PASSER À L'ACTION

Nous commençons ici à saisir que pour agir le plus efficacement possible sur le plan personnel, social et politique, nous devons d'abord comprendre la démarche de notre conscience et y participer activement.

Lorsque nous nous interrogeons sur la façon de créer un changement véritable en faisant appel à notre conscience, une question vient naturellement à l'esprit : « Devons-nous nous contenter de rester assis en essayant de devenir conscients, convaincus que cela contribuera, on ne sait trop comment, à améliorer notre vie et le monde en général ? Ne devons-nous pas passer à l'action pour que notre vie soit réussie ? N'est-il pas nécessaire de prendre part à des activités politiques ou sociales afin de faire face aux problèmes et aux défis très réels qui existent dans le monde ? »

Bien sûr, pour que notre conscience se manifeste dans le monde et qu'un changement véritable se produise, il est indispensable de passer à l'action. L'action directe, efficace et engagée revêt une importance primordiale tant au niveau personnel que sur le plan social et politique. Le fait que nous nous engagions ou non dans ce type d'action importe moins que l'origine de la motivation qui détermine cette action.

Il y a pourtant un danger : Si notre attention et notre engagement portent *principalement* sur l'action extérieure, nous répétons un ancien schéma qui est en grande partie la cause des difficultés où nous sommes plongés aujourd'hui – soit la conviction que la cause du problème, aussi bien que le pouvoir de le corriger, se trouve essentiellement dans le monde extérieur.

Si nous tentons de résoudre nos problèmes uniquement à l'extérieur, ce que nous faisons souvent en essayant de changer les autres ou les institutions, nous gaspillons notre pouvoir. Nous le projetons *au dehors*, dans le monde extérieur au lieu de l'exercer là où il existe véritablement, là où nous pouvons réellement faire quelque chose – à l'intérieur de nous.

Par exemple, plusieurs personnes qui étaient très actives au sein du mouvement féministe, et qui ont mis tous leurs efforts à faire cesser la suprématie masculine dans notre société sont arrivées à une impasse dans leur vie personnelle en atteignant la quarantaine ou la cinquantaine. Si, de toute évidence, elles ont contribué à améliorer notre société, elles ont toutefois découvert qu'elles ne pourraient progresser dans leur vie personnelle qu'après avoir fait face, à l'intérieur d'elles-mêmes, à quelques-uns de ces préjugés qu'elles avaient combattus dans le monde extérieur[2].

Lorsque notre principal objectif consiste à œuvrer dans le monde extérieur pour y changer les choses, il se peut que nous atteignions certains de nos buts, mais, en définitive, notre efficacité sera plutôt limitée. L'histoire a montré à maintes reprises, par exemple, que le recours à la force pour le règlement des différends sur une question de frontières entre les pays – un des pays faisant appel à la violence pour imposer ses convictions et ses besoins à un autre – peut provoquer un changement temporaire, mais conduit inévitablement à de nouveaux conflits. Les spécialistes des sciences politiques ont souvent affirmé que les guerres les plus sanglantes de l'histoire de l'humanité avaient été livrées parce qu'un groupe avait acquis la conviction que la paix ne pourrait régner que si leurs voisins ou le reste du monde étaient d'accord avec eux et embrassaient leurs croyances.

Il ne se produit un changement durable que lorsque nous renonçons à l'idée que le cœur du problème est quelque part *au dehors*, que notre tranquillité d'esprit ne peut être acquise qu'en transformant les autres. Il faut changer un certain mode de pensée en nous : l'idée qu'un autre est à blâmer, que ces gens, cette situation, cet autre pays, cette autre race, ce gouvernement, ces politiciens ou ces inconscients sont responsables de la situation. Il nous faut abandonner ce genre de pensées, non seulement parce que c'est faire preuve d'*avancement spirituel* et de *bonne volonté*, mais parce que c'est notre seul moyen de découvrir et d'assumer notre propre pouvoir.

Par où faut-il commencer ? D'abord en comprenant et en embrassant l'idée que toutes ces autres personnes et institutions reflètent des aspects de nous-même. Elles sont des manifestations de notre propre conscience et de ce qui se passe en nous à l'instant même. Lorsque nous acceptons cette forme de responsabilité – et croyez-moi, c'est l'une des responsabilités les plus importantes qu'il nous sera jamais donné d'assumer –, nous affirmons avec conviction : « Oui, je suis en mesure de comprendre que cette situation reflète partiellement mon propre conflit intérieur. Je vois que ces gens sont le miroir de certains aspects de moi-même. Je peux voir comment ces événements qui se produisent dans le monde peuvent refléter des choses qui se passent dans ma propre vie. Je prends la responsabilité de ce que je vois (non le blâme). »

Dès l'instant où nous acceptons la responsabilité de détenir notre pouvoir à l'intérieur de nous et de voir le monde comme le miroir de certains aspects de nous-même, nous pouvons entreprendre un type particulier d'action dans le monde extérieur qui se révélera extrêmement efficace. Ce genre d'action commence par la revendication de notre centre de pouvoir et de responsabilité, à l'intérieur de nous-même.

C'est uniquement à partir de cet espace de puissance et de responsabilité qu'il nous est possible de mettre notre énergie en mouvement, au service de notre conscience. Nous devons passer de la parole aux actes. Nous devons dire ce que nous ressentons vraiment et agir en accord avec ce que nous savons. Il nous faut parler des causes auxquelles nous croyons, les soutenir par notre action, leur consacrer notre temps, notre énergie, notre argent. Nous devons vivre notre vérité aussi pleinement que possible, à chaque moment de notre vie.

Deena Metzger, auteur de *Writing for Your Life*, travaille auprès des gens dans le but de les aider à réussir ce qu'elle appelle un « désarmement personnel ». Selon elle, la vie intérieure de l'individu ressemble beaucoup à un état-nation regroupant de multiples personnalités, et doté d'un gouvernement comme tous les pays. Nos « nations internes » connaissent aussi les problèmes qui affligent les nations. Quelquefois, les citoyens de cet état-nation de la psyché vivent dans la paix et l'harmonie ; à d'autres moments, ils peuvent se rebeller, se disputer. Nous devons parvenir à identifier les intérêts et les besoins différents de ces diverses personnalités, négocier à l'occasion des ententes avec elles, en veillant à ne réduire au silence ou à bannir un groupe ou un autre. Il est peut-être plus important encore d'identifier le type de gouvernement intérieur que nous avons: Dictatorial et répressif? Non-interventionniste jusqu'à l'incurie? Franchement démocrate, permettant à chaque sous-personnalité de s'exprimer?

L'état-nation du moi ne vit pas replié sur lui-même, isolé des autres. Plus exactement, il entre en interaction avec le monde extérieur de diverses façons et l'influence tout comme les vraies nations. Nous projetons continuellement nos conflits intérieurs, nos rébellions, nos répressions et nos peurs sur le monde extérieur. J'ai trouvé utile d'envisager nos univers intérieurs de la sorte – d'identifier le type de gouvernement intérieur que nous possédons, les personnalités auxquelles nous laissons la liberté de s'exprimer librement, celles que nous réprimons et tentons de neutraliser.

Étant partisane du libéralisme politique, la compagnie des gens conservateurs soulevait habituellement en moi l'irritation et la critique. À présent, j'accepte le fait que ces personnes représentent un élément conservateur au sein de mon état-nation intérieur avec lequel je suis moins en contact qu'avec mon côté libéral. Récemment, lors d'une visite chez la famille d'une amie, le frère de cette dernière commença à exprimer des opinions avec lesquelles je suis profondément en désaccord, sur un problème local lié à l'environnement. Au lieu de me jeter tête baissée dans une discussion très polarisée, je me suis arrêtée un instant pour prendre conscience de mon mécontentement intérieur et pour me rappeler que cette personne me renvoyait l'image d'une partie de moi-même – un citoyen de mon propre état-nation – que j'ai du mal à accepter. J'ai été capable ensuite de faire valoir mon point de vue en exprimant quelques arguments solides qui, du moins, lui ont donné à réfléchir sans éveiller son hostilité inutilement.

Si je réussis à considérer une personne faisant partie de ma vie comme une image réfléchie de moi-même et que j'ai le courage de parler en toute franchise à cette personne lorsque l'occasion sera favorable, tout en étant consciente de la partie de moi-même que cette dernière me reflète, j'assume la responsabilité de toute cette démarche. J'exprime et je vis ma vérité. Et en aucune manière je ne saurais être plus efficace tant dans le monde extérieur que dans ma propre vie intérieure.

Nous commençons ici à saisir que pour agir le plus efficacement possible sur le plan personnel, social et politique, nous devons d'abord comprendre la démarche de notre conscience et y participer activement. Cela suppose en premier de reconnaître que nous avons vraiment une influence considérable sur notre réalité, que nous avons tendance à attirer vers nous ces gens et expériences qui reflètent notre propre conscience d'une façon quelconque.

En partant de ce principe, nous pouvons apprendre ce que c'est que de passer à l'action en nous fondant sur notre sens le plus intime de la vérité. Nous pouvons découvrir la puissance de l'action qui correspond à notre intuition profonde, à ce que notre cœur nous dit de faire. Nous basons trop souvent nos actions sur des règles de conduite et des normes extérieures que nous avons adoptées aveuglément. Ou encore, nous suivons un certain mode d'action, parce qu'il nous paraît logique ou théoriquement valable d'adopter cette ligne de conduite.

Il y a quelques années, j'ai rencontré un psychiatre dans la quarantaine qui se trouvait à un tournant majeur de sa vie et faisait justement face à ce problème. Sa vie était littéralement en train de s'écrouler et il ne voulait plus recevoir ses patients. Il disait qu'il était fatigué d'entendre parler des problèmes des gens, en grande partie parce qu'il était convaincu de ne leur apporter aucune aide.

Lorsqu'il commença à s'interroger sur sa motivation personnelle, il découvrit très vite qu'il n'avait jamais véritablement désiré devenir médecin. En fait, sa décision d'entrer à la faculté de médecine remontait à l'époque où il était encore adolescent. Ce choix ne s'appuyait ni sur une connaissance du travail des psychiatres ni sur aucune raison qui lui vint du cœur. Son choix avait été fondé principalement sur le fait que son meilleur ami avait choisi d'étudier la psychiatrie et que ses propres parents avaient appuyé l'idée avec enthousiasme.

Cet homme s'était montré assez sage pour reconnaître qu'il avait peu à offrir à ses patients, sinon les connaissances qu'il avait acquises dans le cadre de sa formation médicale; rien qui ne vienne de son cœur. Son sentiment d'impuissance, reflété par sa conviction de n'être aucunement utile à ses patients, émanait de ce qu'il ressentait intimement – son activité ne procédait pas de sa propre vérité intérieure.

J'appris deux ou trois ans plus tard que cet homme avait vendu son cabinet et travaillait à temps partiel dans une salle d'urgence, consacrant la plus grande partie de son temps et de son énergie à poursuivre sa quête de conscience. Il avait écrit pour des magazines deux articles sur des sujets controversés qui avaient suscité de nombreuses et vives réactions. Il envisageait avec enthousiasme d'employer son talent d'écrivain pour faire avancer les choses dans le monde.

Lorsque nous considérons notre propre vie ou celle de nos amis et de nos connaissances, il est aisé de constater que cet homme n'est en aucune façon le seul à mener une recherche. Il est un exemple, parmi des millions peut-être, nous montrant que nous ne devons pas seulement suivre ce que notre tête nous indique comme étant l'action appropriée, mais aussi ce que nous sentons profondément. Nous devons découvrir ce qui nous anime, nous encourage, nous excite, nous fait sentir profondément satisfait. C'est cela qui vraiment nous guérit, et qui guérit le monde.

Même dans le monde politique, il est arrivé dans certains cas que des sociétés ou des nations entières ont suivi leur cœur, de la façon dont je le décris. Pendant la Seconde Guerre mondiale, par exemple, les habitants de la Norvège, de même que les citoyens du village de Mondragon, dans le Pays basque, en Espagne, ont refusé de collaborer avec les dirigeants fascistes de leur région. Écoutant ce que leur cœur leur dictait, ils découvrirent non seulement des méthodes pour résister à la terrible machine de guerre qui déferlait sur l'Europe, mais réussirent en outre à le faire sans véritable effusion de sang. Ils finirent par renforcer leur propre volonté de créer des sociétés qui, aujourd'hui encore, comptent parmi les plus productives, les plus prospères et les plus soucieuses des valeurs humaines dans le monde entier. Plus récemment, nous avons eu l'exemple, en Russie, des soldats qui ont refusé de tirer sur leurs compatriotes quand leurs officiers leur en donnaient l'ordre. À la fin, ce sont ceux qui ont écouté leur cœur et appuyé le soulèvement démocratique dans ce pays qui ont contribué le plus à changer les choses. Même toute la force militaire de l'une des plus grandes puissances du monde n'a pu les arrêter.

C'est lorsque nous permettons à la force vitale de circuler dans notre corps que nous contribuons le plus efficacement à la guérison du monde. Notre pouvoir ne nous est pas simplement conféré par ce que nous disons ou faisons. Il est plus juste de dire que nos paroles et actions sont les véhicules de notre énergie vitale. C'est la force vitale en nous qui est véritablement transformatrice.

Lorsque vous êtes en contact avec votre propre vérité intérieure et que vous entrez dans une pièce, vous pouvez influencer les vies de toutes les personnes qui s'y trouvent, par la seule intensité de la force vitale qui circule en vous. Il n'est même pas nécessaire que vous prononciez une parole ou posiez un geste, votre présence suffit. À un certain niveau, consciemment ou non, les gens le ressentent, et cette force agit sur eux. Elle stimule leur propre énergie vitale et amorce le changement et la croissance en eux. Elle peut catalyser une crise de guérison quelconque dans leur vie. Ils font par la suite l'expérience de la croissance, et vous avez contribué ainsi à la guérison de cette planète, peut-être même à votre insu.

L'une de mes amies m'a raconté un fait intéressant. Elle avait entrepris, quelques années auparavant, une démarche de désintoxication et de guérison émotionnelle. Suivant son exemple, son frère s'engagea activement, lui aussi, dans un processus de guérison. Il lui a appris récemment qu'il s'était rendu dans leur ville natale de la Nouvelle-Angleterre, pour y découvrir qu'au moins une vingtaine de leurs amis s'étaient engagés dans une démarche de guérison et de croissance semblable, et que dans tous les cas, ils avaient été influencés directement ou indirectement par mon amie et son frère.

Ayant observé à de multiples reprises des exemples de ce phénomène au cours des dernières années, j'ai acquis la conviction que notre engagement dans notre propre démarche de croissance et de guérison devient un catalyseur pour d'innombrables personnes – notre famille, nos amis, et même des gens dont nous ne saurons jamais le nom. La fidélité aux vérités de notre propre cœur est une force qui libère, dans notre corps et dans le monde, une énergie pouvant guérir certains des problèmes les plus sérieux et les plus persistants que connaît le monde.

Comment tout cela fonctionne-t-il exactement ? Comment expliquer que la fidélité aux vérités du cœur, chez une personne, ait des répercussions dans toute une communauté ? Nous l'ignorons au juste, mais, de toute évidence, cela se produit effectivement – et bien plus souvent que nous pouvons le penser. Le simple fait que l'on assiste à ce phénomène laisse croire que le concept de l'unité, que nous sommes un, est effectivement une réalité de la vie et non pas simplement une vague abstraction spirituelle. Nos

pensées, nos sentiments et nos actions ne sont pas des événements isolés survenant dans les limites de notre propre
corps, mais constituent en fait des manifestations de la
source unique de spiritualité et d'énergie qui circule en chacun de nous. Il est tout aussi impossible, pour l'un de nous,
de changer sans changer tous les autres, qu'il l'est pour une
simple vague de former une crête sans affecter tout l'océan.

LA QUÊTE DE LA CONSCIENCE

La conscience n'est pas une destination où nous arrivons finalement. C'est un processus continu, qui s'approfondit et se développe à l'infini, une quête peut-être éternelle.

Il est possible que vous vous demandiez en ce moment: «Si le développement de ma propre conscience constitue le principal moyen de créer un changement véritable dans ma vie et dans le monde, qu'est-ce que cela veut dire exactement? Qu'est-ce que le développement de la conscience?»

Commençons, si vous le voulez, par une affirmation qui peut sembler une évidence au premier abord – la conscience correspond à l'attention et à la connaissance; l'inconscience, à l'absence des deux. Par conséquent, le développement de la conscience est le processus consistant à percevoir des choses dont nous n'avions pas conscience autrefois. C'est aussi simple que cela.

Le développement de la conscience se fait naturellement, étant un aspect de l'évolution de chaque être. Par exemple, la conscience d'un bébé se développe à mesure qu'il devient conscient de ses doigts et orteils et s'amuse avec eux. Un homme grandit sur le plan de la conscience quand, après avoir été gravement malade et avoir résolu de recouvrer la santé, il apprend que certains aliments et comportements peuvent soutenir sa démarche alors que d'autres peuvent en fait se révéler nuisibles.

Dans notre société, on fait en général un rapprochement entre la conscience et l'intelligence, c'est-à-dire, la « culture de l'esprit », ou l'acquisition de compétences dans le domaine intellectuel qui vous permettent de mieux accomplir une tâche particulière ou d'en « savoir plus » afin de réussir un examen, obtenir un diplôme d'un établissement d'enseignement supérieur ou devenir un expert dans un domaine particulier. Cependant, dans le sens où nous l'entendons ici, le développement de notre conscience englobe les quatre niveaux – spirituel, mental, émotionnel et physique – de l'existence.

Ainsi, nous pouvons, par exemple, fréquenter un collège afin d'acquérir des connaissances dans un domaine particulier, sans toutefois nous rendre compte que nous sommes peut-être en train de développer du même coup plusieurs autres niveaux, d'accroître notre estime de soi, peut-être, et de mieux saisir la mission de notre âme.

La vie consiste essentiellement en une quête de conscience, en un élargissement de la conscience. Cependant, nous sommes pour la plupart peu conscients de ce processus d'évolution dans notre vie, et n'avons pas une compréhension approfondie de son fonctionnement. Par conséquent, une majorité de gens sont encore engagés *inconsciemment* dans un processus de développement de la conscience !

Nous accomplissons un prodigieux bond en avant en reconnaissant le caractère évolutif de notre vie et en commençant à en saisir les mécanismes. En accentuant notre prise de conscience, nous avons la possibilité d'envisager notre propre vie comme un cheminement sur le plan de la conscience, de nous engager dans cette démarche, sans jamais la perdre de vue, et de faire tout ce qui est en notre pouvoir pour avancer plus rapidement. En agissant ainsi, la plupart des gens jouissent davantage de la vie et y trouvent une plénitude et une satisfaction qui leur étaient inconnues.

Votre engagement à développer votre conscience signifie que vous prenez la décision d'approfondir autant que possible votre connaissance et votre compréhension de vous-même, des autres, de la vie et de l'univers. Cela exige d'envisager la vie comme un apprentissage, où chaque événement, sans exception, peut se transformer en bénédiction qui nous aidera à donner toute notre mesure.

Ce qu'il y a d'ironique à propos de la quête de la conscience, c'est qu'à chaque pas, nous prenons conscience de choses qui nous échappaient auparavant. Il peut être très difficile et désagréable d'admettre notre ignorance antérieure. La découverte de ce que nous ignorons peut éveiller en nous un fort sentiment de crainte, jusqu'à ce que nous trouvions du réconfort dans la quête elle-même et constations que notre vie devient plus satisfaisante, avec le temps, en suivant une telle voie. Nous aimons croire, en tant qu'humains, que nous savons exactement où nous en sommes à quelque moment que ce soit. Nous aimons avoir l'impression que nos croyances sont sans faille, ou « conformes à la vérité », ou inattaquables. Toutefois la plupart des personnes engagées dans une quête de la conscience découvrent que leur perception des choses se modifie sans cesse et que l'élargissement de la conscience s'accompagne d'une paix intérieure et d'un sentiment de sécurité qu'elles acquièrent en perdant le besoin d'avoir raison. Aussi, aux premiers instants de cette quête, l'une des premières leçons consiste à faire face à notre ignorance.

Comme un phare dans l'obscurité, notre conscience éclaire automatiquement des domaines dont nous étions inconscients. Nous sommes incapables de progresser librement dans notre quête tant que nous ne cessons pas de nous blâmer ou de nous punir pour notre ignorance. C'est une démarche qui s'épanouit dans un climat de tolérance, de compassion et d'aventure. Nous devons nous considérer comme des enfants en croissance et en apprentissage. En un sens, nous sommes tous des enfants engagés dans un processus d'évolution, chacun avançant à l'allure qui lui convient. Et nous devons constamment nous rappeler qu'il y a tant à apprendre qu'aucun de nous ne peut y arriver en une seule existence.

Il importe de comprendre que *la quête de la conscience est l'affaire de toute une vie.* En fait, il est fort probable qu'elle s'étende sur plusieurs vies. Mais assurément, elle se poursuivra jusqu'à la fin de notre vie actuelle. La conscience n'est pas une destination où nous arrivons finalement. C'est un processus continu, qui s'approfondit et se développe à l'infini, une quête peut-être éternelle.

Comme nous vivons dans une société axée sur les biens de consommation, le vite fait et les repas minute, j'estime qu'il est capital d'insister sur le caractère continu et évolutif de la quête de la conscience. Il faut bien comprendre qu'elle est un processus, non un produit. Trop de maîtres et de thérapeutes épousent l'idée qu'il existe une destination spécifique ou un but défini à atteindre. Ils sont trop nombreux à promettre que « l'illumination » peut être obtenue, une fois pour toutes, en suivant simplement leurs directives: si vous lisez ce livre, assistez à ce séminaire, pratiquez cette forme de méditation, suivez cette diète ou ce programme, le bonheur reviendra dans votre vie, vos problèmes disparaîtront, vous verrez des miracles se produire et ne connaîtrez plus jamais de difficultés.

Cette partie de nous-même qui désire ardemment une formule miracle, un remède instantané trouve très attirante l'idée de considérer la conscience comme un bien de consommation. Nous ne voulons connaître aucune souffrance ou difficulté, et les examens de conscience ont souvent le don de nous impatienter. Nous ne voulons pas prendre le temps de chercher notre propre voie. Nous voulons une figure parentale, omnisciente, omnipotente, qui nous donnera les réponses et nous dira exactement quoi faire. Nous souhaitons qu'un chevalier spirituel nous enlève et nous entraîne loin des tribulations et des épreuves inhérentes à la condition humaine. Nous voulons faire nos valises et nous envoler vers le pays imaginaire de l'illumination... le plus rapidement possible.

Malheureusement, il n'en va pas ainsi. La quête d'un être humain est beaucoup plus complexe et implique un total consentement à embrasser tous les aspects de la vie. Nous ne trouverons pas notre voie en évitant, en ignorant ou en fuyant quoi que ce soit.

Si je fais cette mise en garde contre le mirage des solutions de facilité et des panacées, ce n'est pas parce que je crois que la quête de la conscience doit être difficile, mais parce qu'il y a des risques réels à chercher l'illumination instantanée. En tête de liste de ces risques, il y a celui de nous blâmer lorsque nous n'obtenons pas ce qui nous a été promis, puisque c'est en général ce que nous faisons. Au fil des ans, j'ai rencontré un trop grand nombre de gens rattachés au mouvement de la croissance personnelle qui culpabilisent parce qu'ils sont convaincus que quelque chose ne va pas en eux. Engagés dans une quête de conscience depuis plusieurs années déjà, ils ont l'impression qu'ils devraient être beaucoup plus avancés qu'ils le semblent. Ils éprouvent encore des problèmes de santé, des difficultés au travail ou dans leurs relations personnelles. Ils ont participé à des ateliers sur la prospérité, ont répété leurs affirmations avec confiance, mais ont toujours des soucis financiers. Ils savent qu'ils créent leur propre réalité, et n'ont pas réussi pourtant à se guérir eux-mêmes. Ils ont suivi l'enseignement d'un maître spirituel pendant des années, néanmoins, ils n'ont pas le sentiment d'être plus éclairés. Le doute remplit leur âme et ils peuvent avoir perdu une grande partie de leurs illusions, mais la plupart finissent par se demander, « Qu'est-ce qui ne va pas chez moi ? »

En réalité, ils n'ont rien d'anormal. Comme nous, ce sont des êtres humains qui ont entrepris un voyage continu, de toute une vie. Le développement de la conscience est un processus stimulant, qui nous engage à la fois individuellement et collectivement. Notre évolution personnelle influe sur le grand tout, la conscience planétaire, et l'évolution de tout nous influence. Chaque fois que nous changeons de niveau de conscience – individuellement ou collectivement – nous nous trouvons en face de nouvelles zones de négation, d'ignorance, de souffrance et, en définitive, de guérison. Comme il s'agit d'un processus cyclique, nous éprouvons à certains moments un sentiment de clarté et de puissance, et à d'autres, nous sommes complètement désemparés. Parfois, nous avons l'impression d'être en panne, ayant à relever le défi d'explorer un aspect particulier qui a besoin d'être guéri. Nous nous débattons et nous résistons un certain temps, mais lorsque nous embrassons finalement ces aspects de nous-mêmes qui éveillent notre résistance, nous poursuivons notre route et retrouvons enfin la paix, pour un temps.

Je ne nie pas qu'il se produise des miracles. Il s'en produit ! Parfois, un atelier, une séance de thérapie ou de méditation sera l'occasion d'une percée ; il se produit un déclic intérieur et notre vie change à jamais. Quelquefois, ce mouvement survient sans raison apparente – simplement parce que le temps est venu. Nous pouvons apprécier et goûter ces extraordinaires moments de changement et de croissance. Mais nous devons les reconnaître pour ce qu'ils sont – les temps forts d'une odyssée éternelle et fascinante.

Il est important de savoir, en outre, que la quête consiste en plusieurs étapes différentes. Les outils et les procédés appropriés et efficaces à un stade du cheminement peuvent se révéler inefficaces à l'étape suivante. Il se peut que nous devions découvrir une approche différente de celles que nous avons essayées auparavant. Une fois que nous maîtrisons un enseignement ou un principe particuliers, il est rare que nous puissions nous reposer très longtemps sur nos lauriers ! La vie continue de nous pousser vers la prochaine zone de croissance, qui exigera peut-être une démarche très différente.

Par exemple, il est possible que vous ayez appris à entrer en méditation profonde, et que vous sachiez rentrer en vous-même au milieu du tapage extérieur ou d'une tempête émotionnelle. Cette aptitude peut vous servir à une certaine époque de votre vie. Et il peut arriver, à une autre période de votre existence, que vous sentiez que cette approche ne convient plus ou n'est tout simplement plus efficace. Le moment est peut-être venu d'explorer vos sentiments et d'exprimer vos émotions, ou de courir le risque d'intervenir plus directement dans le monde. Quelle que soit notre prochaine étape, la vie se charge de nous pousser, de nous tirer et de nous faire avancer inévitablement dans cette direction en usant de tous les moyens nécessaires !

Je me rappelle certaines périodes de ma propre vie où la leçon capitale du moment consistait à apprendre à lâcher prise, à abandonner une croyance de longue date pour faire place à la nouveauté, ou à accepter la fin d'une amitié ou d'un amour. À une autre époque, la leçon paraissait contraire : savoir tenir bon, défendre les croyances que je tenais pour vraies, tout mettre en œuvre pour aplanir les difficultés que j'éprouvais dans mes rapports avec une autre personne.

La quête de la conscience est une spirale. Nous progressons en cycles, mais chacun nous entraîne à un niveau plus profond. Lorsqu'une expérience familière revient périodiquement, nous ne devrions pas conclure tout de suite que nous n'en avons pas tiré la leçon la première fois. Nous devons plutôt nous rappeler que nous allons toujours vers des niveaux de conscience plus profonds, qui nous amènent à examiner sous une perspective différente une question, qui, à première vue, n'a rien de bien nouveau.

Il est utile de considérer le processus de développement de la conscience comme une aventure, peut-être l'aventure suprême. Nous ignorons où elle nous entraînera, mais en notre for intérieur, nous savons qu'elle en vaut le coup. Quelquefois, la voie est encombrée ou tout simplement impraticable. En d'autres temps, elle est dégagée et agréable. Il y a des moments de clarté et d'inspiration, mais aussi de ténèbres et d'angoisse. L'important, c'est de ne pas se concentrer sur la destination, de vivre dans l'assurance qu'il n'y a pas de fin. *Nous devons être fascinés par la quête elle-même*, de sorte que chaque instant du processus d'apprentissage, de croissance et d'épanouissement nous récompense largement.

Une perspective cosmique de la vie

Il est temps de réunir et d'intégrer les principes masculin et féminin en une forme harmonieuse et équilibrée. Ce processus est en cours, et c'est pourquoi il est particulièrement excitant de vivre sur cette planète en ce moment !

Afin de clarifier ma conception du processus de la conscience, j'aimerais prendre un peu de recul et vous permettre d'envisager sous une perspective cosmique, l'univers, l'existence sur terre, les raisons de notre présence ici-bas, le rôle que nous y jouons, le sens de tout cela !

L'univers comporte des niveaux de réalité, des plans d'existence nombreux et différents, le plan physique n'étant que l'un d'entre eux. Sur le plan purement spirituel, nous faisons tous partie d'une force de vie d'une infinie intelligence. Il se peut que nous existions sur d'autres plans en tant qu'entité individuelle, en demeurant parfaitement conscients de notre unité et rattachés à ce tout. Nous existons sur tous ces plans en même temps. Ceux d'entre nous qui se concentrent présentement sur la réalité physique entrent en contact avec les autres plans par l'intermédiaire de leurs rêves nocturnes, de la prière et de la méditation, et quelquefois par des expériences psychiques ou « paranormales ».

Le plan physique correspond au niveau d'existence le plus dense. Il est lent et solide en comparaison des autres plans, où création et impulsion coïncident souvent. Le temps devient un facteur important sur ce plan d'existence caractérisé par la matérialité et la densité : il faut des heures, des jours, des mois, des années ou même des décennies pour qu'une chose revête une forme physique. Je crois que le plan physique a été créé pour nous permettre d'explorer et de développer pleinement notre pouvoir créateur. C'est un plan où règne la dualité, où toute chose est double en soi.

On peut envisager cela de la façon suivante : L'unité voulait expérimenter la dualité ou l'altérité. Elle voulait développer son opposé. Ou, pour emprunter un langage imagé, l'univers voulait expérimenter l'amour physique, aussi créa-t-il le monde physique pour permettre la séparation et la réunion.

Donc, la réalité matérielle peut être considérée comme un lieu d'exploration et de découverte dans le cadre d'un processus évolutif, continuellement créateur. Nous sommes tous des êtres divins et éternels, des aspects de la vie essentiellement une. À ce titre, nous avons choisi de diriger pour un temps notre attention et notre conscience ici, au sein de la réalité matérielle, afin d'apprendre, de grandir et de nous développer, afin d'enrichir cette expérience et d'en être enrichis.

À cause de sa grande densité, le plan matériel est un endroit difficile, rempli de défis, pour l'entité spirituelle qui souhaite y séjourner. Nous pourrions très bien nous considérer comme les aventuriers de l'univers – les cascadeurs cosmiques. J'entends d'ici la conversation entre deux entités qui envisagent de venir dans le monde physique :

« Hé, ça te tente d'aller sur Terre ? Il paraît que le voyage n'est pas facile. Voyons si nous pourrons tenir le coup ! »

« D'accord, j'ai envie de relever un défi. Si on se rencontrait là-bas... disons dans trente années terrestres ? »

Puis elles se retrouvent ici, sur le plan matériel, ressentent la densité, et se mettent à penser : « Oh ! mon Dieu, qu'est-ce que j'ai fait ? Faites-moi sortir d'ici ! »

Je ne fais que plaisanter, bien sûr, mais il reste que bon nombre des gens que je rencontre aspirent, au fond de leur être, à quitter leur corps physique et à retourner vers un plan de réalité moins dense. Je crois que cela s'explique par le fait que l'existence matérielle est en soi une quête passablement difficile. Néanmoins, il y a beaucoup à apprendre ici, et il est possible d'obtenir des satisfactions et des récompenses inimaginables, autrement nous ne serions pas ici à faire ce que nous faisons.

La première expérience majeure à mener sur le plan physique est celle de l'individualité, de la finitude et de la séparation, c'est-à-dire, le contraire de l'expérience spirituelle fondamentale de l'unité et de l'infini. Parce que l'expérience de l'unité est déjà chargée d'un telle force, il nous a fallu développer aussi fortement son principe opposé – l'individualité. On pourrait également envisager cela de la façon suivante : le principe féminin (esprit) était déjà pleinement développé ; il nous fallait donner naissance au principe masculin (forme) et le développer jusqu'à ce qu'il soit d'égale puissance, pour faire finalement l'expérience de leur union [3].

Il nous a fallu quelques millions d'années d'existence terrestre pour développer et renforcer ce principe masculin de la séparation, de l'individualité et de la liberté d'expression. Nous l'avons développé au point qu'il fait maintenant contrepoids au principe féminin. Toutefois, si nous continuons dans la voie que nous avons empruntée, nous serons allés trop loin et détruirons complètement notre existence physique. Il est temps de réunir et d'intégrer les principes masculin et féminin en une forme harmonieuse et équilibrée. Ce processus est en cours, et c'est pourquoi il est particulièrement excitant de vivre sur cette planète en ce moment!

LA VOIE DU MONDE MATÉRIEL

À travers l'histoire, une majorité d'êtres humains se sont centrés sur ce que j'appelle la voie du monde matériel – le processus consistant à apprendre à survivre et à réussir au sein de la dimension physique.

Dans notre monde occidental, la majorité des gens ont oublié leurs origines spirituelles en naissant dans un corps physique. Notre tâche principale consistait à explorer ce plan particulièrement dense qu'est le monde physique et à prendre conscience de nous-même en tant qu'individu unique. Si nous avions conservé une conscience aiguë du plan spirituel de notre existence, l'attrait de l'expérience de l'unité aurait pu se révéler trop fort, irrésistible, et nous n'aurions peut-être pas voulu nous fixer ici. Par conséquent, nous avons élaboré un mécanisme de négation pour bloquer la liaison avec l'essence de notre être.

Malheureusement, les mécanismes que nous avons adoptés pour étouffer notre sentiment d'unité font que chacun de nous se sent vide, perdu et foncièrement seul dans l'univers. Toutefois, ils nous ont manifestement permis de nous concentrer sur le travail que nous cherchions à accomplir ici – survivre et nous développer en tant qu'individu sur le plan physique. Pour ce faire, chacun de nous a dû se former un corps physique et une personnalité uniques. Et les sentiments de confusion, de vide et de solitude que nous avons éprouvés ont été l'élément moteur qui nous a lancés dans l'existence – pour découvrir, croître, créer –, à la recherche de la satisfaction et de la plénitude.

À travers l'histoire, une majorité d'êtres humains se sont centrés sur ce que j'appelle la voie du monde matériel – le processus consistant à apprendre à survivre et à réussir au sein de la dimension physique. Pour y parvenir, nous avons dû couper presque entièrement le lien conscient qui nous reliait à tout autre niveau de notre être et nous perdre au sein du monde des formes matérielles, croyant en sa réalité plus qu'en toute autre. Ce fut une étape difficile, mais nécessaire, de notre évolution. En un sens, nous avons tous sacrifié notre félicité profonde pour accomplir cette mission.

Je tiens à souligner qu'il n'y a rien de répréhensible à donner la priorité aux valeurs matérielles. Il s'agit d'une étape tout à fait nécessaire et importante de notre processus de croissance individuelle et de l'évolution humaine. Nous avions besoin de découvrir, d'expérimenter et de développer les nombreux aspects de notre vie en tant qu'êtres humains pleinement engagés dans la dimension matérielle. De nos jours, une très large part de l'humanité se concentre essentiellement sur ce processus passionnant.

Plusieurs d'entre nous, engagés aujourd'hui dans une quête de la conscience, ont suivi la voie du monde matériel au début de leur vie présente ; mais, à un certain moment, ils ont senti que d'autres voies s'offraient à eux et ont commencé leur réveil spirituel.

LA VOIE DE LA TRANSCENDANCE

*S'il peut être utile de nous rappeler que l'exis-
tence physique n'est pas tout, la voie de la transcendance tend certainement à créer un abîme
grandissant entre l'esprit et la forme, entre l'être
spirituel que nous sommes et la personnalité
humaine dans un corps physique que nous sommes également.*

Dans l'histoire moderne, il semble que la majorité des
gens se soient intéressés essentiellement à la voie du
monde matériel, développant des habiletés indispensables à
l'existence physique. En même temps, il y a toujours eu
une minorité d'individus qui suivaient une voie très différente. S'inspirant des pratiques religieuses orientales ou
occidentales, ce dernier groupe – moines, religieuses, prêtres, yogis, rabbins et autres chefs spirituels, de même que
simples fidèles ou ermites – s'est consacré principalement à

réveiller et à développer la conscience du niveau spirituel de l'être. En agissant ainsi, ils ont joué un rôle important dans l'évolution de notre planète en maintenant notre lien avec l'esprit. Donc, du point de vue de la conscience globale, nous avons tous travaillé de concert – la majorité se consacrant à maîtriser le monde matériel, alors qu'un petit nombre maintenait notre lien avec la dimension spirituelle.

Toutefois, il s'est produit une forme de déchirement, l'obligation de choisir entre la forme et l'esprit. Nous pouvions soit nous intéresser aux choses matérielles, soit aux spirituelles, mais pas aux deux. Ou du moins, c'est ce que l'on croyait!

Tant dans la tradition occidentale qu'orientale, on défendait ou sous-entendait l'idée qu'il est nécessaire de renoncer au monde pour se consacrer à la voie spirituelle. En embrassant la vie spirituelle, vous deviez vous éloigner autant que possible des aspects «temporels» de l'existence, tels que les rapports humains (en particulier les rapports sexuels ou les relations affectives trop intimes), les affaires, l'argent et les possessions matérielles. Tous ces éléments étaient considérés comme des tentations, des liens qui nous attachaient au monde et nous faisaient perdre de vue la dimension spirituelle. Du point de vue de la spiritualité traditionnelle, la seule solution au conflit apparent entre ces deux réalités consistait à se vouer à l'esprit en minimisant l'engagement dans le monde matériel. L'objectif final consistait à quitter le monde limité de la forme en laissant notre corps physique, et à réintégrer le domaine spirituel.

J'appelle cette approche spirituelle la «voie de la transcendance». Elle est focalisée sur une étape très importante de l'évolution de la conscience – nous rappeler que nous ne sommes pas simplement des formes matérielles, perdues et emprisonnées dans le monde physique, mais des êtres spirituels par essence, libres et éternels, appartenant à l'unité de toute vie. Il s'agit d'un pas important et merveilleux, que nous devons tous faire à un certain moment. En nous souvenant de notre essence, du fait que nous existons au-delà de la forme physique, notre vie et nos problèmes humains nous apparaissent sous un meilleur éclairage. Nous pouvons ainsi transcender les limites apparentes de la forme humaine et revendiquer la place qui nous revient dans l'univers. Je crois que c'est avant tout la recherche de ce point de vue qui a amené tant de personnes à expérimenter les drogues psychédéliques au cours des années soixante, et motivé tant d'Occidentaux, ces dernières années, à étudier les philosophies traditionnelles de l'Orient et les pratiques comme la méditation. Cette soif de transcendance a en outre suscité l'apparition de plusieurs philosophies et groupes nouvel âge qui ont pris de l'expansion ces derniers temps.

Néanmoins, comme toute étape du développement de la conscience, la voie de la transcendance peut avoir ses difficultés et ses contraintes particulières si nous ne passons pas au stade suivant. Les pratiques et philosophies spirituelles de la transcendance ont été, dans une large mesure, une *réaction* à la souffrance et à l'oppression associées au sentiment d'être prisonnier, bloqué dans le monde de la matérialité. S'il peut être utile de nous rappeler que l'existence physique n'est pas tout, la voie de la transcendance tend certainement à créer un abîme grandissant entre l'esprit et la forme, entre l'être spirituel que nous sommes et la personnalité humaine dans un corps physique que nous sommes également.

Dans l'optique de la transcendance spirituelle, le monde physique est foncièrement irréel, il est une illusion au sein de laquelle nous avons été piégés. La personnalité et le corps humains sont une prison dont nous devons nous échapper pour trouver la libération véritable dans les mondes supérieurs. Par conséquent, nous devons essayer de transcender l'expérience humaine, nos besoins physiques et émotionnels, nos sentiments et passions. En définitive, nous désirons quitter notre corps physique et le monde matériel afin de nous fondre dans l'esprit, dans l'unité.

Cette philosophie semble suggérer que le plan physique est tout bonnement une erreur, ou peut-être un genre d'enfer ou de purgatoire que nous devons traverser pour reconnaître nos fautes morales avant d'être autorisés à réintégrer notre place véritable. Elle sous-entend – et affirme parfois ouvertement – que la vie sur terre est fondamentalement inférieure à ce qu'elle peut être dans les mondes supérieurs. L'expérience de l'individualité qui nous est offerte ici-bas est considérée comme négative; il faut simplement retourner aussi vite que possible à l'expérience de l'unité absolue. L'impression règne que notre présence ici, sur le plan physique, a quelque chose d'anormal, et que les êtres peuplant les autres plans nous sont supérieurs.

Je crois que ce système de pensée ignore l'évidence : ce monde physique a été créé pour une raison, et, à un certain niveau, nous avons choisi d'être ici au lieu de demeurer uniquement sur le plan spirituel. Il se passe ici quelque chose d'excitant, de majeur, en dépit de ce que les apparences laissent parfois penser. L'univers physique n'est pas simplement une erreur de l'Intelligence Créatrice – une gaffe divine! D'une façon ou d'une autre, je suis persuadée que nous ne sommes pas venus ici simplement pour voir avec quelle rapidité nous pourrions nous échapper. Une expérience unique, d'une valeur et d'une richesse inestimables s'offre à nous ici-bas, si nous consentons à l'explorer et à l'embrasser.

Pour bien des partisans des philosophies transcendantes, le terme «ego» est presque devenu inconvenant. Au sein du mouvement nouvel âge, il est souvent question, par exemple, de «se débarrasser» ou de «lâcher» l'ego. L'ego est identifié comme notre ennemi, l'aspect qui tente de nous empêcher d'embrasser notre conscience spirituelle

– même si l'on tentait de suggérer que l'ego a une valeur quelconque, cet effort serait tout simplement perçu comme une manœuvre de l'ego pour se justifier. Malheureusement, cette opinion ne fait qu'accroître la peur et la confusion. C'est un peu comme si nous voyions «l'œuvre du diable» dans tout ce que nous n'aimons pas.

En traitant l'ego comme notre ennemi, nous créons sans le savoir un mode de pensée contradictoire, la croyance qu'il existe de «bons» et de «mauvais» aspects à l'intérieur de nous-même, ces derniers devant être déracinés. Ce qu'il y a d'ironique, c'est que cette forme de condamnation cause de faux conflits et nous porte constamment à chercher quelque chose ou quelqu'un à blâmer.

L'idée que nous avons quelque chose à gagner en nous débarrassant de l'ego se fonde sur une conception erronée de la fonction véritable de l'ego. Notre ego correspond simplement à notre conscience de nous-même en tant qu'individu. Le terme «ego» peut, en substance, être assimilé au terme «personnalité». Il s'agit de l'aspect de notre conscience qui s'occupe de notre survie et de notre bien-être sur le plan physique.

En soi, l'ego n'est ni bon ni mauvais; il est simplement une réalité de la vie, comme le corps physique. Sans l'ego, nous ne pourrions survivre un seul moment dans la dimension matérielle. Par conséquent, si nous nous débarrassons de l'ego, nous devons forcément quitter notre corps. Les tentatives visant à supprimer l'ego ne font que creuser l'abîme et intensifier l'opposition entre l'esprit et la forme. Toutes les fois que nous essayons de nier un aspect de nous-même ou de la vie, ou de nous en défaire, nous nous retrouvons au milieu de terribles conflits où les aspects déniés engagent une lutte pour leur survie! C'est pourquoi, bien sûr, nous avons l'impression que l'ego «résiste» quand nous tentons de le déloger.

En comprenant que l'ego a pour fonction d'assurer notre survie en tant qu'individu dans un corps matériel, nous adoptons une approche qui crée beaucoup moins de frustration et de contradictions, et se révèle bien plus productive. Au lieu de chercher vainement à l'annihiler, nous devons apprécier l'ego pour ce qu'il est et favoriser la coopération entre ce dernier et l'esprit. Nous pouvons ensuite *enseigner* à l'ego qu'en nous ouvrant à notre essence spirituelle, nous pouvons en fait améliorer notre vie sur terre. Nous pouvons former un ego conscient, une personnalité éclairée, qui accueille notre énergie spirituelle et voit notre existence humaine dans un contexte plus universel.

Très peu de personnes cheminant sur la voie de la transcendance arrivent à leur but avoué – une forme « d'illumination » qui suppose une identification quasi totale avec le moi spirituel et une négation presque complète des sentiments et besoins humains, c'est-à-dire, « l'ego ». Les personnes qui ont adopté cette approche, tels plusieurs saints et martyrs chrétiens, ont souvent connu une mort précoce, généralement accompagnée de grandes souffrances physiques, causées, selon moi, par la négation du corps physique.

Les soi-disant maîtres spirituels qui ont atteint un certain niveau de transcendance peuvent être des modèles fascinants, en particulier aux premiers moments de notre quête de conscience, quand nous avons besoin d'une puissante source d'inspiration et d'une influence dominante. Toutefois, comme ils ont renoncé au monde, la plupart des maîtres transcendants ou des saints ne peuvent vivre que dans une solitude relative, entourés de disciples qui se chargent de combler leurs besoins terrestres et de les dispenser, du moins dans une certaine mesure, des détails pratiques de la vie quotidienne. Malheureusement, dans de trop nombreux cas, il s'avère que ces maîtres ont des pieds d'argile, c'est-à-dire certaines tendances bien humaines qui s'obstinent à remonter à la surface (quoique généralement en secret). Le plus souvent, ces penchants impliquent les mêmes énergies que leurs disciples et eux-mêmes s'évertuaient à transcender – la sexualité, la violence et la convoitise des richesses matérielles.

Au cours de l'histoire, certains chefs spirituels de mouvements transcendants ont créé autour d'eux des tragédies et des scandales au moment où s'est exprimée leur « ombre », cette part d'eux-mêmes qu'ils avaient refoulée. Ainsi découvre-t-on que des prêtres, des religieuses et des yogis astreints au célibat, ou des ministres mariés d'une religion fondamentaliste ont des liaisons secrètes ; le plus souvent, ils ont des rapports sexuels illicites avec leurs propres disciples, crédules et dépendants à l'excès. Il existe d'autres exemples de ce problème, allant des leaders religieux corrompus par la cupidité, à des événements tragiques comme le désastre de Jonestown, en Guyane, ou la mort violente des membres de la Branche des Davidiens, près de Waco, au Texas.

La très large majorité des chercheurs cheminant sur la voie de la transcendance ne s'approchent jamais de ce que l'on appelle « l'illumination » et relativement peu d'entre eux trouvent la paix ou arrivent à s'accepter. Je crains que la plupart des gens qui choisissent la voie de la transcendance s'enlisent dans la faille apparente entre le matériel et le spirituel – déchirés entre les besoins de leur âme et les désirs de l'ego. Tentant de toutes leurs forces de dompter leur humanité et de la surmonter, ils finissent souvent par lutter avec des aspects incompatibles à l'intérieur d'eux-mêmes. Parfois, même après des années consacrées à la méditation et à d'autres pratiques spirituelles, ils découvrent qu'ils sont très enclins à l'autocritique et éprouvent un fort sentiment d'échec. Au lieu d'atteindre l'illumination à laquelle ils aspirent, ils finissent par se blâmer de ne pas être plus avancés dans leur développement spirituel.

La voie de la transcendance fait très peu pour s'attaquer aux problèmes du monde physique. En effet, le plan matériel y est considéré comme une illusion ou un rêve dont il faut s'éveiller – ou s'échapper! Le plus souvent, ceux qui suivent la voie transcendante délaissent littéralement l'univers physique. Ils considèrent tous les événements de ce monde comme des illusions qu'il ne faut aucunement prendre au sérieux. Après tout, si notre engagement consiste à transcender le monde, quel avantage aurions-nous à essayer de le transformer?

Nous sommes en mesure d'observer les résultats d'une stricte adhésion à la voie transcendante ou à la voie matérielle dans les pays industrialisés de l'Occident, engagés avec acharnement sur la voie matérielle, et dans plusieurs pays orientaux, où la voie transcendante a été suivie avec une égale ferveur. Axées presque exclusivement sur le développement matériel, les cultures occidentales sont tellement avancées sur le plan technologique que nous avons aujourd'hui le pouvoir de détruire le monde – par les armes nucléaires ou alors par la pollution. Dans plusieurs pays du Tiers-Monde ou de l'Orient, où existent des traditions spirituelles solidement établies, on a eu tendance à insister sur les énergies transcendantes au point que la vie matérielle est caractérisée par le manque d'intérêt, le chaos et une extrême pauvreté.

Il importe de comprendre que la voie du monde matériel et la voie de la transcendance ont chacune leur place dans notre développement individuel et dans l'évolution de la conscience humaine. Toutefois, l'une ou l'autre ne peuvent à elles seules nous apporter ce dont nous avons besoin pour relever les défis auxquels nous faisons face dans notre vie personnelle et planétaire. C'est pourquoi je m'inquiète de voir actuellement un si grand nombre de gens, engagés dans des mouvements nouvel âge ou du potentiel humain, cherchant encore à suivre une philosophie essentiellement transcendantale. Pour guérir véritablement notre vie et changer le monde, nous devons faire un autre pas – sur la voie de la transformation.

LA VOIE DE LA TRANSFORMATION

En embrassant avec amour tous les aspects de notre expérience – humaine et divine –, nous pouvons guérir la séparation qu'il y a eu entre l'esprit et la forme, en nous-même, individuellement, et dans le monde entier. Nous pouvons intégrer toute la puissance et la conscience de notre être spirituel dans notre existence humaine et dans toutes nos entreprises terrestres.

À cette époque de notre évolution, il existe une façon nouvelle et excitante de nous consacrer à notre quête de la conscience. Je l'appelle la voie de la transformation. Au lieu de nous confiner à la réalité physique, comme la voie du monde matériel, ou de chercher à nous libérer de la forme physique pour nous faire réintégrer le monde spirituel, comme celle de la transcendance, la voie de la transformation nous pose le défi de créer une réalité tout à fait nouvelle. Cette réalité nouvelle n'est créée ni par la négation du physique ni par celle du spirituel, mais, au contraire, par l'intégration des deux. C'est un chemin qui peut nous amener à découvrir et à acquérir un mode de vie tout à fait original, qui était impossible jusqu'à maintenant.

Nous avons été contraints de suivre les deux premières voies au cours de l'évolution de l'humanité. Il nous a fallu oublier nos origines spirituelles assez longtemps pour développer notre conscience de la réalité physique. Ensuite, nous avons dû prendre conscience des limites de cette réalité et nous souvenir du domaine spirituel. Maintenant qu'il est temps de le faire, nous sommes prêts à combler le fossé entre les deux et à intégrer ces deux réalités en une seule expérience.

Pour y arriver, nous devons renforcer la conscience de nos racines originelles, en tant qu'être spirituel. Forts de cette perception intime, nous devons apprendre à embrasser pleinement l'expérience humaine, la réalité de notre corps et de notre personnalité. En embrassant avec amour tous les aspects de notre expérience – humaine et divine –, nous pouvons guérir la séparation qu'il y a eu entre l'esprit et la forme, en nous-même, individuellement, et dans le monde entier. Nous pouvons intégrer toute la puissance et la conscience de notre être spirituel dans notre existence humaine et dans toutes nos entreprises terrestres. Alors seulement commencerons-nous à découvrir le pouvoir et la plénitude auxquels la forme physique permet d'accéder. Nous commencerons à saisir ce qu'est véritablement la vie sur terre !

Bien entendu, ce processus est déjà bien engagé. Si vous lisez ce livre, il y a de grandes chances que vous soyez déjà engagé sur la voie de la transformation, sciemment ou non. Si vous avez l'impression que votre vie a été complètement bouleversée récemment, alors vous pouvez être certain que c'est le cas !

Il n'est pas nécessairement facile de suivre la voie de la transformation. En fait, il peut s'agir d'un défi énorme.

Plusieurs personnes s'accrochent en ce moment à leur point de vue matérialiste, ou à leur philosophie transcendante, espérant inconsciemment ne jamais être contraintes d'entreprendre l'aventure de la transformation. Néanmoins, si vous voulez demeurer dans l'univers physique et continuer votre évolution, vous n'avez pas vraiment le choix. En réalité, le processus est loin d'être aussi ardu que bien des gens le craignent. Bien que difficile et douloureux à l'occasion, il est aussi tout à fait gratifiant, passionnant et merveilleux.

Au lieu de rejeter les extraordinaires expériences de la condition humaine ou de tenter d'y échapper, nous avons la possibilité de découvrir en elles la beauté et la passion. Nous pouvons apprendre à créer consciemment notre réalité physique pour qu'elle soit l'expression de notre être spirituel. Nous pouvons apprendre à vivre au sein de l'univers physique tel qu'il était convenu.

En nous engageant dans notre propre démarche de transformation, nous commençons automatiquement à transformer le monde autour de nous. À mesure que nous découvrons et exprimons toujours davantage les potentialités spirituelles qui sont en nous, ici, dans notre vie humaine, notre réalité personnelle se modifie pour refléter la transformation de notre conscience. Le monde autour de nous change donc avec nous. Et comme nous sommes tous liés au sein de la conscience globale, en nous développant, nous influençons toutes les autres personnes dans le monde. En choisissant de suivre la voie de la transformation, nous ne faisons pas que changer notre vie, nous changeons le monde.

DEUXIÈME PARTIE

Sur la voie de la transformation

Donc, si vous voulez vraiment aider ce monde, votre enseignement devra porter sur la façon d'y vivre. Et cela, nul ne le peut s'il n'a lui-même appris à le faire, dans la triste joie et la joyeuse tristesse de la connaissance de la vie, telle qu'elle est.

JOSEPH CAMPBELL

À LA DÉCOUVERTE
DE VOTRE GUIDE INTÉRIEUR

Une fois que nous sommes en relation avec notre guide et maître intérieur, nous avons accès en tout temps à une source infaillible de lumière, de sagesse et d'orientation, juste à l'intérieur de nous !

Que faut-il faire pour suivre la voie de la transformation ? L'un des premiers pas consiste à établir une relation personnelle avec l'intelligence universelle, ou la puissance supérieure. Cette puissance supérieure est présente à l'intérieur de toute personne, de tout ce qui existe. Elle est cet aspect de nous-même infiniment sage qui, tout simplement, « sait » tout ce que nous avons besoin de connaître, à quelque moment que ce soit, et nous guide d'instant en instant, à chaque pas, tout au long de notre vie.

Cette puissance supérieure n'a rien de mystérieux ou de compliqué. Elle fait naturellement partie de notre existence. Elle s'adresse à nous par l'intermédiaire de notre intuition, de notre instinct. Nous sommes tous nés avec ce guide intérieur. Et si nous avions tous été éduqués de façon éclairée, nous aurions appris à suivre ce guide intérieur notre vie durant. Au lieu de cela, la plupart d'entre nous n'ont pas été encouragés à faire confiance à leurs sentiments profonds. En réalité, plusieurs d'entre nous ont été formés à ne pas se faire confiance, à se soumettre à une autorité extérieure, souvent exprimée par des règles ou un dogme. Ou alors, on nous a incités à cultiver notre raison – à l'exclusion de nos facultés intuitives.

Comme adultes, nous pouvons prendre la responsabilité de redécouvrir notre intuition et de renouer avec elle. Nos rapports avec notre guide intérieur gagnent en intensité et en confiance à mesure que nous apprenons à écouter et à suivre notre intuition.

Sur la voie de la transformation, il est essentiel de développer cette relation avec notre guide intérieur puisqu'il n'y a pas d'autorité absolue à l'extérieur. Il n'y a pas de textes sacrés ou de prêtres, de pasteurs ou de gourous représentant la parole divine en soi. Il n'y a aucune doctrine à laquelle adhérer. Nous devons plutôt chercher conseil auprès de notre source intérieure.

Dans les traditions orientales transcendantes, et dans plusieurs groupes nouvel âge s'inspirant de ces dernières, on croit que l'individu doit s'abandonner à un maître compétent pour progresser dans la voie spirituelle. Toutefois, du point de vue de la voie de la transformation, il n'y a pas de maître parfaitement éveillé. Les maîtres traditionnels et les gourous ne sont éveillés qu'au sens transcendant du terme. Ils peuvent être en mesure de nous apprendre beaucoup sur notre développement spirituel, mais ne peuvent nous enseigner à intégrer ces connaissances dans notre vie humaine, sur terre, puisqu'eux-mêmes ne le savent pas encore.

Nous ne sommes pas seuls sur ce nouveau chemin. Il y a des guides qui peuvent nous aider dans certains aspects de notre quête. Pourtant, personne n'est encore arrivé au terme de cette odyssée, puisque nous sommes tous encore en apprentissage. Si quelqu'un avait achevé son intégration, il en serait de même pour nous tous, car nous sommes un dans la conscience globale. Au lieu de cela, nous avançons tous sur la voie, plus ou moins au même rythme. Et nous sommes les uns pour les autres des maîtres et des miroirs, d'une façon très concrète, nous reflétant réciproquement notre démarche. Certains, plus avancés à certains égards, peuvent enseigner à tous les autres ce qu'ils ont appris. Toutefois chaque personne mène une quête unique, de sorte qu'en définitive, vous êtes le seul à savoir ce que vous devez faire.

Avons-nous alors *besoin* de guides sur la voie de la transformation ? Si c'est le cas, quel rôle devraient-ils jouer dans notre vie ? Comment arriver à entretenir avec eux des rapports sains et favorables à notre croissance ?

Oui, je crois que la majorité d'entre nous ont absolument besoin de guides sur cette voie. Il y a peut-être des exceptions – par exemple, des gens qui sont parfaitement accordés à leur source de connaissance intérieure ou des personnes qui vivent dans des endroits très retirés, préférant les enseignements de la nature à ceux des guides humains.

Les maîtres, thérapeutes et guides se présentent sous des aspects très divers et jouent souvent un rôle capital à certaines périodes de notre quête. Par exemple, il y a peut-être une personne dans notre vie qui deviendra la première instigatrice, le catalyseur initial qui nous aidera à nous engager dans une quête de la conscience. Aux premiers stades de notre démarche, nous avons presque tous besoin d'information, de suivi, d'encouragement et de conseils sous une forme ou une autre. En un sens, nous sommes dans l'enfance de notre odyssée de la conscience et il se peut que nous ayons besoin d'une figure parentale éclairée pour nous indiquer le chemin. Notre confiance en nous-même s'accroît à mesure que le champ de nos connaissances et de notre expérience s'élargit, mais il est possible que nous devions faire appel à des personnes plus sages, plus expérimentées, un peu comme des adolescents ou de jeunes adultes qui apprennent à se créer une place au sein de la société.

Enfin, une fois au stade de la maturité dans notre cheminement, il y a des chances pour que nous suivions principalement notre voie personnelle. Toutefois la vie étant par définition une constante évolution, nous pouvons avoir de nouveau besoin d'une aide extérieure en période de crise ou de stress, ou chaque fois que nous vivons un changement, un approfondissement ou un élargissement de la conscience.

Le danger de nos rapports avec des maîtres et thérapeutes de toute espèce réside dans le fait que nous avons tendance à leur céder une trop grande part de notre pouvoir. Lorsque nous n'avons pas encore complètement reconnu ou revendiqué notre sagesse, notre bonté, notre créativité et notre puissance intérieures, nous avons tendance à projeter ces qualités sur nos maîtres et mentors. C'est un phénomène normal. À mesure que nous évoluons, nous prenons conscience que ces qualités existent en nous et commençons à nous les réapproprier de plus en plus. Un maître avisé et lucide nous aidera et nous soutiendra dans notre démarche pour assumer notre propre pouvoir. Un tel guide nous encourage à agir de notre propre chef aussitôt que nous nous en sentons prêts.

Malheureusement, plusieurs maîtres, thérapeutes et guérisseurs font preuve d'ambiguïté sous ce rapport. Ils sont trop dépendants de l'ascendant qu'ils exercent sur leurs élèves et patients et du pouvoir qu'ils ont de les maintenir trop longtemps dans un état de sujétion. Cela satisfait certains besoins émotionnels et souvent financiers du maître, mais inhibe ou compromet sérieusement le processus de croissance et de développement de l'élève ou du patient.

Je connais plusieurs personnes qui ont grandement souffert de ce type d'attachement excessif à un maître ou à un guide. Ainsi, l'un de mes amis a consacré plusieurs années à essayer de se rétablir – à la fois émotionnellement et physiquement –, après avoir abandonné un maître qui, malgré ses nombreuses et grandes qualités, avait piégé ses élèves dans une relation de dépendance.

Donc, je veux recommander aux lecteurs de se méfier des maîtres, animateurs d'ateliers, thérapeutes, guérisseurs, ou autres guides qui prétendent avoir réponse à tout (ou plus de réponses que quiconque), se considèrent plus sages ou plus avancés que toute autre personne, ou paraissent avoir, de façon générale, une idée exagérée d'eux-mêmes. Certains aspects peuvent être très développés chez eux, et ils peuvent avoir énormément à partager ; cependant, nous devons nous montrer prudents et conserver un scepticisme de bon aloi dans nos rapports avec eux. Agissez avec circonspection si vous remarquez l'existence d'un cercle d'admirateurs très dépendants qui ne semblent guère se développer dans leur vie personnelle ou s'adonner à de nouvelles activités, et qui n'accèdent jamais, dans leur relation avec leur guide, à plus d'égalité, à un meilleur équilibre.

Pour entretenir des rapports sains et constructifs avec un guide ou un thérapeute, il importe avant tout de reconnaître que cette personne est un miroir de vos propres qualités intérieures. Si vous admirez quelqu'un pour sa sagesse, son amour, sa puissance, ou toute autre qualité, reconnaissez que ces qualités précises existent en vous et que vous êtes attiré par cette personne qui vous reflète des aspects de vous-même que vous sentez le besoin de développer. Permettez à votre guide ou à votre thérapeute de vous inspirer, de vous indiquer le chemin de la croissance. Accordez-lui votre respect, votre admiration et votre reconnaissance, mais rappelez-vous que vous êtes avec elle ou avec lui tout autant pour apprendre à vous aimer, à vous respecter et à reconnaître votre valeur. Au fond, nos guides sont présents dans notre vie pour nous aider à développer, solidifier et approfondir notre relation avec notre propre guide intérieur.

J'ai eu de nombreux et merveilleux guides, maîtres et thérapeutes au fil des années, qui m'ont aidée chacun d'une façon particulière. Au début, comme la plupart des gens, je les ai placés sur un piédestal et ai remis mon pouvoir entre leurs mains. Il m'est arrivé à une ou deux reprises de vivre une très grande dépendance pendant quelque temps. Néanmoins, chacune de ces expériences s'est finalement révélée fort précieuse, car elle m'a aidée à développer ma confiance en mon propre guide intérieur. À présent, il y a certaines personnes dans ma vie qui me servent de guides et de mentors, vers lesquelles je peux me tourner lorsque j'ai besoin d'aide, de support et de conseils, et avec lesquelles j'ai une relation fondée sur la confiance, l'affection et le respect mutuels.

Il se peut que nous ignorions tout simplement comment amorcer le processus qui nous permettra de nouer une relation avec notre guide intérieur. Il existe dans chaque localité des instructeurs et des thérapeutes qui peuvent nous amener à faire plus pleinement confiance à nos propres processus intérieurs. Nous reconnaissons ces guides, non parce qu'ils prétendent avoir réponse à tout, mais parce qu'ils proposent des techniques susceptibles de nous aider à trouver ces réponses par nous-même. Pourtant, il viendra un temps où il nous faudra peut-être quitter même les meilleurs des maîtres, après avoir développé en nous-même les aptitudes nécessaires pour nous fier à notre guide intérieur.

Une fois que nous sommes en relation avec notre guide et maître intérieur, nous avons accès en tout temps à une source infaillible de lumière, de sagesse et d'orientation, juste à l'intérieur de nous ! Il va sans dire que cela peut être d'un grand réconfort, en particulier aux heures de confusion et d'angoisse. Nous en tirons la confiance profonde dont nous avons besoin pour avoir le courage de mener notre quête. Nous obtenons l'assurance que nous ne sommes pas seuls, qu'une puissance supérieure nous guide et nous aide le long du chemin.

Développer votre guide intérieur

*La plupart d'entre nous ont appris à nier, igno-
rer ou rejeter automatiquement leurs impressions intuitives au point même de méconnaître
leur existence. Aussi devons-nous réapprendre à
identifier et à écouter nos messages intérieurs.*

Que devons-nous faire pour établir et développer une relation avec notre guide intérieur? J'enseigne, depuis plusieurs années, une méthode à cette fin, et je suis heureuse d'affirmer que la plupart des gens la trouvent facile à suivre une fois qu'ils ont compris les principes et ont eu l'occasion de mettre quelques points en pratique.

Il convient de rappeler le principe qu'en nous laissant guider par notre intuition, nous suivons notre véritable nature. Si cela semble difficile à réaliser au début, c'est que nous n'avons pas été formés à agir avec naturel. En recherchant une telle aptitude, nous n'essayons pas de développer des facultés supranormales. Au contraire, le processus consiste en fait à *dés-apprendre* des pratiques qui ont entravé notre capacité de sentir ce qui est vrai et approprié pour nous, dans notre vie.

La plupart d'entre nous ont appris à nier, ignorer ou rejeter automatiquement leurs impressions intuitives, au point de méconnaître même leur existence. Aussi devons-nous réapprendre à identifier et écouter nos messages inté-rieurs.

En lisant attentivement l'exercice suivant, rappelez-vous qu'il existe en chacun de nous un guide intérieur. Le fait que nous ne sentons pas sa présence ou que nous ne lui faisons pas confiance ne signifie aucunement qu'il n'existe pas. Il est toujours là. Ce que vous faites actuellement, c'est apprendre à renouer contact avec lui.

Voici des mesures simples qui peuvent vous aider à contacter et développer votre guide intérieur :

1. Détendez-vous. Si vous connaissez une technique de relaxation ou de méditation qui vous réussit, telle que la concentration sur votre respiration, la répétition d'un man-tra, la relaxation progressive (fréquemment enseignée dans les cours prénatals) ou toute autre méthode vous permettant de vous détendre physiquement et de calmer votre mental, utilisez-la. J'inclus en appendice du présent ouvrage un exercice de relaxation pour ceux qui aimeraient savoir com-ment procéder.

Dans le monde moderne, nous sommes si habitués à vivre dans un état de stress plus ou moins constant, que nous arrivons à peine à faire la différence entre l'impres-sion créée par un état de tension et une sensation de détente. Si vous avez des difficultés à réaliser l'exercice de relaxation proposé, vous pourriez envisager d'utiliser un enregistrement vidéo ou audio approprié ou de suivre un cours sur la réduction du stress ou sur la méditation.

Si vous n'arrivez pas à apprendre à vous détendre et éprouvez constamment de réelles difficultés, essayez de commencer par une activité agréable, exigeant un effort physique, comme marcher ou courir à l'extérieur, ou danser sur une musique entraînante jusqu'à épuisement. Ensuite, allongez-vous et détendez-vous complètement.

Si vous avez de la facilité à vous détendre, choisissez un endroit et un moment où vous ne risquez pas d'être dérangé par d'autres personnes, le téléphone, la sonnette de la porte d'entrée, où rien ne viendra vous rappeler vos obligations. Pensez à mettre de la musique douce et apaisante. Confortablement assis ou étendu, le dos droit et bien soutenu, prenez quelques minutes pour faire le silence dans votre esprit.

2.   Une fois que vous vous sentez détendu, laissez votre conscience se porter dans les profondeurs de votre corps, près de votre cœur ou de votre plexus solaire (comme bon vous semble). Affirmez qu'en cet endroit, au plus profond de vous-même, vous avez accès à votre guide intérieur. Cela peut se faire grâce à une simple affirmation, telle que : « Je vais en ce lieu, au fond de moi, où je puis sentir la présence de mon guide intérieur et lui faire confiance. »

3.   Posez une question, par exemple : « Qu'est-il important que je sache (ou que je me rappelle) dans ma vie actuellement ? » ou « Quelle direction dois-je donner à ma vie présentement ? » Ou vous pouvez être plus précis : « Que dois-je savoir à propos de mon emploi ? » ou « Qu'est-ce qu'il me faut comprendre à propos de cette relation en ce moment ? »

4.   Une fois que vous avez posé la question, n'y pensez plus et continuez de vous détendre tranquillement dans un état de réceptivité et d'ouverture. Remarquez quelles pensées, impressions ou images vous viennent en réponse à la question que vous avez posée. Si vous pensez n'avoir rien recueilli d'important, ou si vous vous sentez aussi perplexe

ou incertain qu'avant, ce n'est pas grave, n'y songez plus pour l'instant. Le guide intérieur ne se manifeste pas nécessairement tout de suite sous forme d'idées précises ou d'impressions – bien que cela puisse se produire, surtout si vous pratiquez cette technique et prenez de l'assurance. Il s'exprime souvent plus tard, par une prise de conscience ou un sentiment qui se fait jour progressivement. Ou il peut utiliser un moyen soi-disant extérieur – par exemple, vous entrez dans une librairie et tout à fait « par hasard », ouvrez un livre et y lisez un paragraphe pertinent, ou un ami fait une remarque fortuite qui touche une corde sensible chez vous.

5. Quand vous aurez l'impression d'avoir terminé cet exercice, levez-vous et vaquez à vos occupations.

Exercez-vous à méditer de la sorte une fois par jour – ou au moins deux fois par semaine. La plupart des gens considèrent l'heure du réveil et celle du coucher comme les moments les plus favorables de la journée pour la pratique de cette activité. Mais il vous appartient de découvrir ce qui vous convient le mieux.

6. Durant la journée, marquez des temps d'arrêt pour prendre note de vos réactions profondes. Pendant les quelques jours suivants, prêtez une attention spéciale aux pensées, sentiments et expériences ayant un rapport avec votre question. Entraînez-vous à suivre toute intuition, ou tout *feeling*, que vous pouvez avoir, et observez ce qui se passe. Vous découvrirez probablement le caractère particulier de votre intuition. Par exemple, pour la décrire, plusieurs disent qu'ils ont l'impression « d'être dans un courant » ou éprouvent un sentiment de « présence à soi » ou de « fébrilité sereine ».

Lorsque vous devez prendre une décision ou faire un choix, même mineurs, comme l'endroit où vous irez dîner, le film que vous irez voir, ou encore, si vous devez ou non téléphoner à un ami, prenez quelques instants pour faire le calme dans votre esprit et entrer en vous-même. Au lieu de faire votre choix à partir de considérations rationnelles ou de ce qui est « acceptable », de ce qu'autrui pourrait souhaiter, écoutez ce que vous dit votre guide intérieur.

Prêtez attention à tout effet réactionnel dans le déroulement de vos expériences extérieures. Observez ce qui se passe lorsque vous obéissez à votre voix intérieure. Si les choses semblent mal fonctionner, c'est peut-être que vous n'êtes pas encore en complète harmonie avec votre guide intérieur. Il se peut que vous obéissiez plutôt à d'autres impulsions. La meilleure indication du fait que vous êtes en accord avec votre vérité intérieure, c'est la vitalité accrue que vous en retirez. En outre, les choses vous semblent plus faciles, en général. Les portes s'ouvrent. Vous avez l'impression d'être porté par un certain courant d'énergie.

Au début, posez des gestes mineurs. Évitez les actions radicales, comme quitter votre emploi, mettre un terme à une relation ou dépenser une somme considérable parce que vous croyez avoir eu un « éclair d'intuition ». Commencez avec l'impression du moment – voyez si vous avez un bon *feeling* ou non. Par exemple, si vous êtes invité à une soirée, vérifiez si votre impression est favorable avant d'accepter ou de refuser. Exprimez votre vérité intérieure dans les petites choses avant de vous attaquer aux questions majeures. Il paraît que sous ce rapport, les actes mineurs peuvent avoir une grande portée. En procédant par petites étapes, vous instillez de la confiance et de l'efficacité dans vos rapports avec votre guide intérieur.

Si, après avoir essayé les six étapes sur lesquelles je me suis attardée quelque temps, vous ne ressentez pas plus vivement le lien qui vous unit à votre guide intérieur, voici quelques suggestions supplémentaires susceptibles de vous aider :

❖   Il est probable que vous essayez trop ardemment de faire avancer les choses au lieu de les laisser se produire.

Vous accordez peut-être une importance démesurée à toute cette démarche. Détendez-vous et restez ouvert. Ne cherchez plus à attirer un événement spectaculaire. Il suffit d'écouter un peu plus intensément que d'habitude pour entendre votre propre vérité.

❖ Si vous sentez une grande confusion, un conflit intérieur, et ne pouvez différencier votre intuition de toutes vos autres pensées et impressions, essayez d'identifier quelques-unes de vos différentes voix intérieures. Prenez des stylos de diverses couleurs et notez ce que chacune a à dire.

Par exemple, en tentant de savoir si vous devez changer de ligne de conduite dans votre vie – dans votre carrière, vos loisirs ou une relation personnelle –, vous découvrirez peut-être une voix terrifiée. Utilisez un stylo noir pour noter en détail ce qu'elle dit, c'est-à-dire : « N'essaie rien de nouveau, cela pourrait être un désastre ! » Vous pourriez entendre une voix conservatrice vous dire, « Il vaudrait peut-être mieux t'en tenir au connu. » Employez alors un stylo bleu pour écrire ce que cette voix vous dit. Vous prendrez peut-être contact avec une voix créative qui vous dira : « J'ai une merveilleuse idée pour démarrer une entreprise ! » Notez ses paroles avec un stylo vert. Et vous pourriez entendre encore une voix audacieuse vous suggérer : « Vas-y, fais quelque chose de nouveau et d'excitant ! » Inscrivez ce qu'elle a à dire avec un stylo rouge.

Bien entendu, il peut y avoir d'autres voix en vous que je n'ai pas mentionnées ici – le babillage enjoué d'un enfant, une voix malveillante, une voix marquant la réserve ou le scepticisme. Vous pouvez percevoir une voix qui vous rappelle l'un de vos parents, votre épouse, votre patron, ou une autre personne de votre connaissance. Peu importe la voix qui s'élève en vous, prenez le temps de noter par écrit tout ce qu'elle dit, en utilisant le crayon ou le stylo de couleur le plus approprié. Après avoir réalisé cet exercice, passez à autre chose pendant quelque temps.

❖ Évitez d'être obsédé par le désir d'obtenir une réponse immédiate. La vie est un processus de croissance ininterrompu et il est possible que vous ne soyez pas mûr pour une décision ou une direction précise. Vous êtes peut-être « en voie de ». Il est rare que le guide intérieur nous donne de l'information à long terme ; d'ordinaire, il ne fait que révéler les renseignements qui nous sont nécessaires au stade actuel. Parfois, le guide intérieur pourra dire, « Tu n'as qu'à attendre, ne fais rien, accepte de rester dans la confusion. » Quand le moment sera venu, la lumière se fera. Telle est la nature du guide intérieur.

❖ Si vous sentez vraiment que vous n'avancez plus pendant un bon moment, c'est probablement que vous avez besoin de faire un travail de guérison sur le plan émotionnel. Lorsque nous retenons nos émotions à l'intérieur, il peut être difficile ou même impossible d'entrer en contact avec notre intuition. Si vous croyez éprouver ce genre de difficultés, cherchez un thérapeute ou groupe de soutien sérieux et commencez une démarche pour apprendre à vivre et à exprimer vos émotions. Une fois que vous aurez accompli un travail de guérison émotionnelle en profondeur, la communication avec votre intuition sera automatiquement améliorée.

❖ Si vous suivez les messages de ce que vous tenez pour votre intuition sans toutefois vous sentir plus vivant ou conscient, et que votre vie semble au point mort, c'est probablement que vous confondez vos intuitions avec d'autres impulsions ou émotions. Vous avez peut-être besoin d'aide pour vous y retrouver.

En outre, il est très important d'apprendre à faire la distinction entre les impulsions associées à un comportement de dépendance et les intuitions. Si j'ai un problème avec l'alcool ou si je souffre d'un désordre alimentaire et que j'ai soudain une impulsion irrésistible de prendre un verre ou de manger de la crème glacée, il ne s'agit pas d'une intuition. Si je suis un bourreau de travail et qu'une voix interne me dit de me rendre au bureau le dimanche malgré les protestations de ma famille, il est probable que je doive m'interroger sur l'origine de cette impulsion. Le guide intérieur essaie constamment de nous aider en nous indiquant le chemin de l'équilibre et de la plénitude dans notre vie. Pour l'entendre distinctement, nous devons être capables de reconnaître nos penchants immodérés et apprendre à ne pas nous laisser dominer par eux. Si vous sentez que vous avez peut-être un problème de dépendance, inscrivez-vous à un programme de douze étapes ou demandez l'aide d'un thérapeute spécialiste des problèmes de dépendance.

❖ Et enfin, rappelez-vous que développer votre guide intérieur est une démarche de toute une vie, qui va en s'approfondissant. Je m'y applique depuis nombre d'années, et je continue à apprendre, à développer mon aptitude à sentir ma vérité intérieure ainsi qu'à lui faire confiance. Il s'agit d'un processus cyclique, comme tout ce qui existe dans la vie. Parfois, le guide intérieur se fait entendre très distinctement et je suis au diapason de la vie. À d'autres moments, je me sens désorientée et perdue; je ne peux expliquer pourquoi les choses prennent une certaine tournure et je ne sais au juste que faire. J'ai appris à faire confiance également à ces périodes et je sais que j'en ressortirai grandie sur le plan de la conscience. L'une de mes amies appelle cette période «l'accalmie». C'est un aspect de notre vie aussi naturel que la pause normale entre les battements du cœur, ou entre l'inspiration et l'expiration [4].

Le guide est toujours là, à l'intérieur de nous, véridique, sage et dévoué. Nous pouvons perdre le contact avec lui, ou mal l'interpréter à certains moments. Nous pouvons en faire trop et agir prématurément. Mais notre guide intérieur ne nous abandonne jamais. Nous ne sommes jamais seuls.

LES QUATRE PLANS
D'EXISTENCE

Les quatre plans d'existence sont tous voisins et s'influencent réciproquement. En guérissant un plan, nous appuyons aussi le processus de guérison à tous les autres niveaux.

L a vie humaine comporte quatre plans d'existence – spirituel, mental, émotionnel et physique. La voie de la transformation implique la purification, la guérison, le développement et l'intégration de l'ensemble de ces quatre plans.

Tous ces plans ont une égale importance. Nous ne pouvons en ignorer ou en négliger aucun si nous voulons faire l'expérience de la totalité. Nous devons accorder du temps et de l'attention à la guérison et au développement de chacun. En agissant de la sorte, les quatre plans commencent naturellement à s'équilibrer et s'intègrent plus pleinement les uns aux autres.

Notre quête de la conscience peut débuter sur l'un ou l'autre de ces plans. Cela diffère pour chaque personne. Par exemple, plusieurs gens s'engagent dans un cheminement personnel à la suite d'une crise physique – une maladie, un accident, un problème de poids ou de dépendance. Ou ils sont simplement intéressés par un mode de vie plus sain; ils commencent par approfondir leurs connaissances sur la nutrition et l'exercice, et une chose en amenant une autre, ils finissent par découvrir toutes sortes d'idées originales et de façons de vivre qui les mènent au-delà du plan physique.

Une crise émotionnelle, ou un besoin affectif, amènera d'autres personnes à entreprendre la quête. Les gens affligés par la perte d'un être cher peuvent chercher une assistance psychologique, commencer à mieux se connaître, et vouloir pousser plus loin cette exploration. Ou, souffrant d'un problème de dépendance, ils adhéreront à un programme de douze étapes (Alcooliques Anonymes, Narcotiques Anonymes, etc.) qui les conduira dans une quête de la conscience.

D'autres encore peuvent aborder ce processus au niveau mental. D'abord mûs par la curiosité intellectuelle, ils commenceront à lire des ouvrages sur la philosophie, la psychologie ou la croissance personnelle. J'ai souvent entendu parler de gens dont la vie fut transformée après avoir lu un chapitre d'un livre qu'ils avaient pris au hasard.

Le processus peut donc démarrer de diverses façons. Une fois que nous avons commencé, nous pouvons passer d'un plan à un autre à différentes reprises, ou travailler simultanément sur deux, trois ou l'ensemble des quatre plans. Chaque personne suit une voie qui lui est propre.

En général, cependant, quel que soit le point de départ de notre quête de la conscience, ou notre façon de la mener, il existe un processus évolutif sous-jacent qui va du spirituel au physique.

À un moment donné, nous vivons une profonde expérience spirituelle. Un tel événement peut sembler accidentel ; il peut se produire avant même que nous sachions qu'il existe une voie de la conscience. En fait, cet événement peut se révéler le catalyseur d'une crise qui, à son tour, sera l'amorce de notre quête de la conscience. Ou nous pourrons faire cette expérience plus tard, quand nous sommes déjà des chercheurs conscients. De toute façon, quel que soit le moment où elle se produit, cette expérience change notre vie à jamais. Elle nous donne un aperçu de la perspective supérieure sous laquelle on peut envisager l'existence, et un avant-goût de l'amour, de la puissance et de la félicité que l'on peut éprouver.

Je me rappelle avoir rencontré une femme âgée d'une quarantaine d'années qui s'était trouvée aux prises avec un cancer douze ans plus tôt. Au cours d'une intervention chirurgicale, elle avait vécu une expérience de mort imminente et s'était vue entourée d'une lumière blanche qui contribuait à sa guérison. Elle continua d'avoir régulièrement des visions de la lumière après l'intervention. Enveloppée de cette lumière, elle éprouvait un sentiment de paix et d'unité parfaites.

Avant cette époque, elle ne s'était jamais considérée comme une personne religieuse ou intéressée par la spiritualité. Mais dans les quelques mois qui suivirent, elle entra dans cette voie qu'elle n'a pas cessé de suivre depuis. Elle affirme que l'expérience vécue au cours de l'opération lui a ouvert les yeux sur un ordre de réalité très différent de ce qu'elle avait perçu jusqu'alors.

Il s'agit d'un exemple assez spectaculaire d'une expérience spirituelle marquant un tournant dans la vie d'une personne. Pour plusieurs d'entre nous, l'expérience peut prendre une tournure plus discrète ou plus graduelle. Mais elle mène au même résultat.

Après avoir vécu de semblables expériences, nous sommes incapables de nous satisfaire d'un mode de vie limité ; nous sommes forcés de chercher à élargir notre conscience. Nous tentons de comprendre ce qui nous est arrivé afin de pouvoir répéter et/ou étendre l'expérience. Cela nous amène à expérimenter des pratiques spirituelles, à explorer le plan mental, alors que nous abandonnons des concepts usés pour nous ouvrir à des idées nouvelles. Finalement, après quelques années de travail aux niveaux spirituel et mental, nous découvrons que nous nous heurtons de plus en plus au plan émotionnel de notre être. Pour bon nombre d'entre nous, le plan émotionnel peut donner l'impression d'un mur, dressé, semble-t-il, pour nous empêcher d'intégrer nos croyances spirituelles dans notre vie quotidienne.

Il semble que ce soit les modèles émotionnels de notre passé qui nous empêchent de vivre notre philosophie nouvelle. Par exemple, nous pouvons vivre des moments de percée ou de clarté spirituelle, où nous sentons vraiment qu'un pouvoir supérieur prend soin de nous. Nous pouvons comprendre cette idée intellectuellement et nous engager à vivre notre vie en conséquence, confiants que notre guide intérieur nous indiquera ce que nous avons besoin de savoir. Toutefois, il peut arriver à maintes reprises que nous ayons à lutter contre la peur, la terreur, incapables d'abandonner l'habitude que nous avions de contrôler notre vie.

C'est une étape parfaitement normale du processus. Ce n'est pas parce que nous avons vécu une expérience sur le plan spirituel, et que nous l'avons comprise sur le plan mental, que nous réussissons pour autant à l'intégrer sur le plan émotionnel. Pour guérir et nous transformer sur le plan émotionnel, il est nécessaire de refocaliser notre attention, et cela requiert du temps, de la patience et de la compassion.

Et, d'ordinaire, cela suppose aussi d'être bien supporté par d'autres personnes.

Une fois que nous avons accompli un travail important sur les plans spirituel, mental et émotionnel, nous avons à relever l'immense défi d'intégrer tout cela au plan physique. À ce stade, l'occasion nous est offerte d'exprimer nos nouvelles connaissances et découvertes dans notre vie quotidienne, de vivre pleinement et librement, d'instant en instant, tout ce que nous avons appris et découvert. Cela exige souvent un certain travail de guérison au niveau du corps lui-même.

Dans les quatre prochains chapitres, j'apporterai certaines explications complémentaires sur ces plans et sur la forme que prend le processus de guérison/transformation pour chacun d'eux.

Les quatre plans d'existence sont tous voisins et s'influencent réciproquement. En guérissant un plan, nous appuyons aussi le processus de guérison à tous les autres niveaux. Par exemple, le renforcement de notre lien spirituel nous donne l'inspiration et la force d'entreprendre une guérison émotionnelle en profondeur. En effectuant un travail de guérison émotionnelle, nous libérons également des énergies bloquées sur les plans mental et physique. Et plus nous sommes en accord avec notre corps physique, plus nous sentons l'énergie circuler à tous les niveaux. Nous pouvons aborder le processus sur n'importe quel plan et explorer les divers niveaux à des périodes différentes de notre vie. Le but ultime consiste en l'intégration de tous les plans.

LA GUÉRISON
DU PLAN SPIRITUEL

Il se produit une guérison spirituelle lorsque nous commençons à rétablir le contact avec notre essence – l'entité de sagesse, d'amour, de puissance, de créativité que nous sommes au tréfonds de nous-même. Ce lien avec notre essence spirituelle... nous procure un sentiment de sécurité, de confiance et de plénitude, d'appartenance à l'univers.

Nous, qui avons grandi dans le monde moderne, avons pour la plupart le sentiment d'être coupés de notre moi spirituel et de la source universelle. Cela crée dans notre vie une impression fondamentale de vide, d'insécurité et de médiocrité. Nous cherchons inconsciemment à combler ce vide intérieur par divers moyens infructueux. Nous pouvons courir après l'argent, le pouvoir et le succès pour nous sécuriser, ou nous consacrer à notre famille ou à notre carrière en espérant donner un sens et un but à notre vie.

Nous pouvons succomber à une forme quelconque de dépendance, en recourant à la nourriture, aux drogues, au travail ou au sexe pour essayer de remplir le vide que nous ressentons. Seulement, aucune de ces tentatives ne s'attaque au problème de fond.

L'absence d'un lien spirituel est à l'origine de plusieurs maux dans notre culture, tant chez l'individu que dans la société. La consommation épidémique de drogues chez les jeunes ainsi que la prolifération des gangs dans les quartiers déshérités de nos villes trouvent leur origine dans une aliénation et une soif spirituelle extrêmes. L'apparition de sectes religieuses étranges est aussi symptomatique de la recherche du sens de la vie et de l'expérience spirituelle authentique. Si vous visitez ou habitez les régions particulièrement frappées par la récente dégradation de nos systèmes socio-économiques, vous rencontrerez beaucoup de découragement, de colère – ces sentiments s'exprimant lorsque les gens n'ont pas de support spirituel ou psychologique pour faire face aux pressions s'exerçant sur eux.

Il se produit une guérison spirituelle lorsque nous commençons à rétablir le contact avec notre essence – l'entité de sagesse, d'amour, de puissance, de créativité que nous sommes au tréfonds de nous-même. Ce lien avec notre essence spirituelle nous permet de refaire l'expérience de l'unité avec tous les autres êtres et la nature entière. Plus nous nous rattachons à cette unité fondamentale, plus elle nous procure un sentiment de sécurité, de confiance et de plénitude, d'appartenance à l'univers. Nous sentons notre vide intérieur comblé par l'esprit en nous.

Ce contact avec notre moi spirituel nous permet de voir notre vie sous un jour plus large, à la fois comme individu et comme membre de l'humanité. Il nous permet d'adopter le point de vue de l'âme au lieu d'être simplement pris par les luttes et les frustrations quotidiennes de notre personnalité. Nous obtenons une vision globale de la vie sur terre, ce qui nous aide à mieux comprendre les raisons de notre présence ici et ce que nous y faisons. Cela contribue à réduire l'importance apparente de nos problèmes et nous permet de ressentir plus vivement le sens dont est imprégné notre vie.

Par exemple, j'habite l'île de Kauai, dévastée il y a quelque temps par un ouragan. Si les pertes de vie furent peu nombreuses, des milliers d'édifices ont été détruits, ou, comme ma demeure, lourdement endommagés. L'approvisionnement en eau, en nourriture, en électricité, tout comme le logement, posèrent des problèmes. Plusieurs ont non seulement perdu leur maison, mais aussi toutes leurs possessions, leur commerce et leur emploi. Ce fut une période terrible et éprouvante.

Toutefois, pour les gens ayant une perspective spirituelle, ce fut manifestement un événement transformateur. La presque totalité des gens qui l'ont vécu ont renoué avec leurs valeurs essentielles et leurs priorités – le sentiment que la vie, la famille et la communauté importent bien davantage que les possessions matérielles. Plusieurs personnes ont été forcées de définir les changements à apporter ou les nouvelles dispositions à prendre dans leur vie. Si l'expérience fit souffrir plusieurs personnes, elle fut également un formidable agent de guérison pour ceux qui sont en mesure de la considérer ainsi.

Le plan spirituel nous sert de point d'appui pour accéder plus facilement aux autres niveaux de guérison. Il peut être très difficile, ou même impossible, de trouver l'espoir, la compréhension et la force nécessaires pour faire face aux difficultés et aux défis associés à la guérison des autres plans, si nous n'avons pas au moins amorcé ce processus sur le plan spirituel.

La guérison spirituelle commence lorsque nous découvrons une façon d'entrer régulièrement en rapport avec notre propre dimension spirituelle. Cela implique d'adopter un exercice spirituel qui nous convient, et de nous engager à le pratiquer régulièrement, chaque jour ou du moins chaque semaine. Pour certains, ce sera la méditation, qu'ils pratiqueront seuls ou en groupe, la participation aux offices religieux ou à une autre forme de rassemblement favorisant l'inspiration. Pour d'autres, ce pourra être la fréquentation assidue de la nature – la marche en forêt, la randonnée en montagne, ou des moments de silence au bord d'une rivière ou de l'océan.

Une pratique spirituelle ne doit pas nécessairement être religieuse, au sens où on l'entend généralement. De nombreuses personnes établissent un lien avec la dimension spirituelle, principalement par l'activité physique – la marche, la course, la danse, la bicyclette. D'autres recourent à une activité créative comme la peinture ou la musique. Certains y arrivent en pratiquant le bénévolat, certains en goûtant des moments de quiétude en compagnie de leur famille et d'êtres chers. L'un de mes amis garde le silence pendant une journée entière, chaque semaine. Tous ses proches savent qu'il consacre cette journée au repos – vocal, physique, mental – et qu'il se met intensément à l'écoute de son guide intérieur. Si vous ne pouvez le faire un jour entier, commencez par pratiquer cet exercice une heure ou deux, à la fin de l'après-midi ou de la journée, quand vous serez seul, l'esprit en paix, sans distractions extérieures – sans téléphone, télévision ou visiteurs.

Pour bien des gens, la journée du dimanche est propice à la satisfaction des besoins spirituels, puisque notre société a effectivement réservé ce jour au ressourcement spirituel ou religieux. L'une de mes amies n'appartient à aucune religion établie, mais elle consacre tout son temps, le dimanche, à écouter ses véritables besoins. Elle ne fait aucun projet et se libère de ses obligations. En agissant ainsi, elle régénère son moi intérieur en prévision de l'horaire chargé de la semaine qui vient.

Allez-y avec tout ce qui vous réussit... assurez-vous simplement d'intégrer une certaine forme d'inspiration et de ressourcement spirituels dans votre vie.

Les étapes du chapitre consacré au développement du guide intérieur proposent un exemple de pratique spirituelle. Notre guide intérieur émane du centre spirituel en nous ; aussi, en apprenant à développer et à suivre notre intuition, nous bâtissons une relation solide avec notre être spirituel.

MÉDITATION
À l'écoute de votre être spirituel

La méditation est une façon de nous accorder du temps pour prendre conscience de nos pensées, nos sentiments et nos sensations physiques, et nous laisser glisser ensuite vers un niveau plus profond de l'être. Voici un exercice simple qui pourra vous aider à commencer votre pratique spirituelle.

Trouvez un endroit que vous choisirez comme votre lieu de retraite spirituelle, situé non loin de la maison ou du travail, où vous pourrez vous rendre facilement et de façon régulière. Si cet endroit est situé en plein air, dans un cadre naturel agréable, c'est merveilleux. Mais le plus important, toutefois, c'est qu'il soit calme, paisible et confortable. Cela peut être un endroit à l'écart, dans votre arrière-cour, une pièce distincte de votre demeure ou un coin particulier dans une pièce.

Faites-en un endroit spécial en choisissant un fauteuil, un coussin et/ou une couverture que vous réservez pour votre période de méditation. Assurez-vous de ne pas être dérangé pendant quinze minutes au moins, ou davantage, si possible.

Trouvez une posture confortable, soit assise, soit couchée. Faites en sorte que votre corps puisse être complètement détendu dans cette position.

Inspirez lentement, profondément, en remplissant vos poumons. Laissez ensuite votre corps se détendre en expirant lentement, librement. À chaque respiration, détendez-vous un peu plus profondément tout en expirant.

En continuant à respirer à fond et lentement, prêtez attention à ce que vous éprouvez sur le plan émotionnel. N'essayez pas de déterminer pourquoi vous vous sentez ainsi, ni de changer ce que vous éprouvez. Contentez-vous de constater et d'accepter ce que vous ressentez. Par exemple, « Je constate que je suis triste en ce moment », ou « Je me rends compte que je ressens de l'angoisse en pensant à tout le travail qui m'attend », ou « Je me sens calme et serein actuellement ». Tolérez la présence de cette ou de ces émotion(s). Vous n'avez pas besoin de faire quelque chose, sinon les accepter.

Prêtez attention aux pensées qui traversent votre esprit. Observez-les quelque temps défiler dans votre tête, comme ces panneaux d'affichage électronique : « Bon, j'essaie d'observer mes pensées. Voyons... à quoi suis-je en train de penser ? Cela me rappelle la fois où je suis allé à ce camp de méditation... Il y avait ce garçon étrange. Il me faisait penser à... zut, je suis censé surveiller mes pensées. » Imaginez que ce processus mental perd en vitesse et en précision. Les pensées continueront de surgir, mais ne vous y arrêtez pas. Aussitôt que vous remarquez qu'une pensée vous vient, laissez-la aller.

Continuez de respirer profondément et lentement tandis que votre corps se détend, acceptez vos émotions, et permettez à votre esprit de ralentir quelque peu son allure.

À présent, imaginez que vous portez votre attention toujours plus profondément à l'intérieur, jusqu'au cœur de votre être, par-delà votre corps, votre mental ou vos émotions. Permettez-vous de rester tranquillement assis, de demeurer simplement avec vous-même, au tréfonds de votre être. Sachez que c'est l'endroit où vous pouvez prendre contact avec votre être spirituel.

Demandez d'entrer en communication avec la part de vous-même par-delà votre corps, votre mental et vos émotions. Restez assis en silence. Continuez d'observer toute pensée, impression ou image qui vient à vous. Prêtez attention à tout ce qui se passe à l'intérieur de vous et acceptez-le. Si vous le voulez, demandez d'être conseillé ou inspiré, ou toute autre chose dont vous croyez avoir besoin. Acceptez sans l'analyser ce qui vient, ou ne vient pas.

Après être demeuré quinze minutes en silence (ou aussi longtemps que vous le voulez), remerciez votre être spirituel. Ensuite, levez-vous doucement et reprenez vos activités.

Vous pouvez parfois avoir l'impression qu'il ne se passe rien lorsque vous accomplissez cet exercice. Ou vous pouvez découvrir que vous êtes obsédé par certaines pensées ou émotions et que vous êtes incapable de vous détendre vraiment. Tout cela est normal, naturel. En vous adonnant à la pratique de la méditation de façon régulière pendant un certain temps, vous constaterez probablement qu'il devient plus facile d'accéder au calme et à la détente mentale. Si ce n'est pas le cas, vous pouvez suivre un cours sur les techniques de la méditation ou de la relaxation, ou essayer une autre forme de pratique spirituelle.

Parmi les pratiques que les gens considèrent efficaces, soit pour apprendre à se détendre afin de pouvoir méditer, soit pour remplacer la méditation, mentionnons : faire le compte de vos respirations (assis, les yeux clos, comptez chaque respiration-inspirez 1, expirez 2, inspirez 3, expirez 4, etc.); danser jusqu'à épuisement sur votre musique favorite; vous asseoir calmement en vous concentrant sur un objet, par exemple, une fleur, la flamme d'une bougie, un son; psalmodier, battre un tambour, ou écouter une musique répétitive et apaisante[5].

LA GUÉRISON
DU PLAN MENTAL

*Si nous voulons connaître l'équilibre, l'intégra-
tion et le bien-être, il est indispensable que notre
système de croyances et nos processus mentaux
supportent les trois autres plans de notre existence – physique, émotionnel et spirituel – et
s'accordent avec eux.*

L e plan mental de l'être correspond à notre intellect,
c'est-à-dire à la pensée rationnelle. Pour désencom-
brer et guérir le plan mental, nous devons prendre conscience de nos pensées et systèmes de croyances
fondamentaux. Nous devons nous intéresser à d'autres
idées, d'autres convictions pour être finalement en mesure
de choisir consciemment les idées qui nous semblent les
plus signifiantes et qui optimisent notre vie.

Nous avons tous acquis certains points de vue, certaines positions sur le monde à cause de l'influence qu'ont exercée sur nous, dès l'enfance, la famille, la religion, l'école et la culture en général. Par exemple, à l'époque de Colomb, les gens croyaient majoritairement que la terre était plate, et qu'en naviguant assez loin sur la mer, ils finiraient par atteindre les limites et tomberaient dans le vide. Les gens conservaient cette image mentale de la terre et la tenaient pour vraie parce que leurs parents, leurs maîtres et la société y croyaient et l'enseignaient. Quand des explorateurs comme Christophe Colomb bravèrent avec succès ces croyances, cela suscita une image complètement modifiée du monde dans notre esprit.

Deepak Chopra raconte une fable merveilleuse qui ajoute du poids à cet argument. Quand ils dressent des éléphanteaux, les dompteurs indiens commencent par enchaîner une patte de l'animal à un arbre de grande taille. Bientôt, l'éléphant s'habitue si bien à la chaîne qu'il n'essaie plus de se libérer. Les dompteurs diminuent alors la grosseur de la chaîne. Avec le temps, l'éléphant devient si conditionné à l'entrave qu'une simple ficelle autour de sa patte suffit à le retenir. Pourtant, ce n'est certes pas la corde qui l'arrête, mais plutôt la conviction qu'il est retenu.

À l'instar de l'éléphant, notre système de croyances colore notre expérience du monde, et nous avons tendance à continuer d'interpréter nos expériences et à recréer notre univers suivant nos convictions profondes sur la vie, les autres et nous-même. Toutefois, lorsque nous acquérons une certaine maturité et faisons des expériences de vie nouvelles et différentes, nos croyances peuvent être mises en cause par des idées et des perspectives neuves. À chaque moment de notre vie, nous sommes engagés dans un processus ininterrompu qui consiste à mettre de l'ordre dans nos idées et à élaborer notre philosophie personnelle.

Si nous voulons connaître l'équilibre, l'intégration et le bien-être, il est indispensable que notre système de croyances et nos processus mentaux supportent les trois autres plans de notre existence – physique, émotionnel et spirituel – et s'accordent avec eux. Nous devons posséder une conception spirituelle, ou une vision du monde, sur laquelle nous pourrons nous appuyer pour trouver un sens à notre vie. Nous devons développer la compréhension et l'acceptation de nos propres émotions qui nous aideront à nous assumer. Et nous devons apprendre à vivre sainement dans notre corps.

Si vous croyez que votre corps physique est inférieur à votre moi spirituel, par exemple, et qu'il est indigne de vos soins ou de votre attention, vous vous raccrochez à une opinion qui provoquera un conflit et un malaise dans votre organisme. Mais si vous appreniez à reconnaître l'importance et la valeur de votre corps physique, et à lui fournir des soins judicieux, vous constateriez qu'il règne un meilleur équilibre, une plus grande harmonie dans l'ensemble de votre organisme.

En menant notre quête de la conscience, nous découvrons constamment de nouvelles idées, perspectives et philosophies que nous mettons en balance avec celles que nous avons déjà. Peu à peu, nous commençons à abandonner les idées anciennes, trop restrictives pour nous, en conservant celles qui nous sont encore utiles et en incorporant de nouvelles notions, plus larges, plus pénétrantes et dynamisantes.

Par exemple, je m'étais habituée à l'idée que je ne pouvais rien aux circonstances de ma vie, que j'étais quasi impuissante à les changer. Ensuite, j'ai appris que je créais ma propre réalité. J'ai découvert que ce concept était beaucoup plus stimulant, aussi, ai-je finalement choisi d'adopter ce système de croyances. Ce faisant, mon expérience du monde s'est transformée, et j'ai commencé à me rendre

compte que j'avais vraiment un grand pouvoir sur les circonstances de ma vie.

J'avais grandi avec la conviction que j'embrasserais une
profession pour la vie et que je fréquenterais l'université
plusieurs années pour atteindre mon but. Mais, après quatre
années de collège, je ne savais pas encore au juste ce que je
voulais faire ! J'ai découvert une nouvelle conception de la
vie : en faisant confiance à mon intuition et à mes impulsions créatives, ma vie évoluerait de façon intéressante et
gratifiante. Mon adhésion à ce système de pensée a permis
l'éclosion d'une carrière fascinante et couronnée de succès –
et je ne suis jamais retournée au collège !

La guérison du plan mental laisse plusieurs personnes
perplexes. Elles croient qu'elles doivent constamment pratiquer la « pensée positive » et utilisent cette technique pour
inhiber leurs pensées négatives, craignant que ces dernières
ne les fassent souffrir. À une certaine époque de leur vie,
elles ont peut-être été prisonnières de leurs pensées et
émotions négatives. Maintenant qu'elles se sentent plus
positives, elles ne veulent admettre *aucune* négativité, de
peur de « retomber » dans une perspective négative. Donc,
elles nient ou répriment toutes leurs pensées négatives pour
se concentrer uniquement sur les positives. Pour certaines
personnes, cela réussit un certain temps, mais toutes ces
pensées et émotions réprimées ou désavouées doivent finalement remonter à la surface, d'une façon ou d'une autre.
C'est ce qui explique que plusieurs personnes qui s'efforcent de pratiquer la pensée positive ont la grande surprise
de découvrir que leurs efforts pour se défaire de leur mode
de pensée négatif ne font qu'empirer les choses. Au lieu de
diminuer leurs pensées et leurs émotions négatives, elles
découvrent qu'elles s'y enlisent encore davantage.

*Rappelez-vous que la première étape de toute démarche de gué-
rison consiste toujours en la reconnaissance et l'acceptation de ce
qui est vrai actuellement.* Nous ne guérissons aucun aspect

que nous tentons de bloquer, d'éliminer ou d'ignorer. Nous lui permettons de guérir en acceptant sa présence, et en prenant conscience ensuite que d'autres possibilités s'offrent à nous. Par conséquent, nous devons reconnaître et accepter nos pensées « négatives », comme faisant partie de nous-même, puis explorer et développer d'autres perspectives, des idées nouvelles, qui nous offrent de meilleures chances d'épanouissement.

Par exemple, Suzanne reconnaît qu'une part d'elle-même affirme qu'elle ne mérite pas d'être heureuse. Elle constate qu'elle sombre parfois dans la critique de soi. Chaque fois qu'elle commet une erreur, le censeur intérieur se fait entendre : « Tu vois, cela prouve encore une fois que tu ne peux rien faire correctement. »

Suzanne ne peut corriger la situation en se contentant de bâillonner son censeur chaque fois qu'il élève la voix. Elle doit plutôt accepter ces pensées, et peut-être les creuser quelque peu. Elle peut se poser la question suivante : « De toute manière, d'où viennent ces pensées ? » En y réfléchissant elle se rend compte que la voix mentale ressemble beaucoup à celle de sa mère, qui avait l'habitude de la critiquer comme elle le fait elle-même aujourd'hui.

Cette prise de conscience lui permet de commencer à chercher des outils d'apprentissage pour guérir et transformer son censeur intérieur[6]. Si elle se contentait d'inhiber ses pensées négatives, elle raterait l'occasion d'apprendre à leur contact et pourrait passer le reste de ses jours à combattre ses pensées négatives au lieu de trouver une méthode pour les guérir.

Il est arrivé à certains, dans leur enfance, de se faire dire qu'ils étaient stupides, ou moins doués que leur frère, leur sœur ou un camarade de classe. Plusieurs jeunes filles se sont fait dire que les femmes sont moins intelligentes, ou moins importantes que les hommes. Et plusieurs personnes avec des facultés cognitives plus holistiques, intuitives, relevant davantage du côté droit du cerveau, n'ont jamais reçu l'appui de notre société et de notre système scolaire dominés par la logique et l'hémisphère gauche du cerveau. En conséquence, plusieurs sont arrivés à la conclusion erronée qu'ils sont moins intelligents que les autres.

Les gens qui ont subi des traumatismes de ce genre dans leur jeunesse peuvent avoir appris à mettre en doute, à ignorer ou à nier leur intelligence. Dans ce cas, le processus de guérison mentale exige que l'individu revendique son intelligence innée et apprenne à s'y fier. N'oubliez pas qu'il existe différents types d'intelligence. Notre culture ne privilégie en général que certaines formes de compétence. Je connais un homme peu instruit, ayant de la difficulté à s'exprimer, mais qui est extrêmement doué pour les réparations mécaniques et qui tire beaucoup de satisfaction de son travail.

De même, j'ai rencontré, il y a quelques années, une boulangère hors pair. Cette femme avait un Q.I. peu élevé, selon l'évaluation des tests conventionnels, mais elle exerçait la profession de son choix avec un réel talent, en plus d'être intéressante, très ouverte et chaleureuse. J'ai toujours senti qu'elle apportait énormément aux autres, en ce sens qu'elle illuminait littéralement chaque pièce où elle entrait. Je la considère comme l'exemple parfait d'une personne véritablement heureuse, adorant la vie et d'agréable compagnie.

Notre société a tendance à ne récompenser qu'une forme d'intelligence – les connaissances livresques. Mais il existe en fait plusieurs formes distinctes d'intelligence. Dans son livre, *Raising a Magical Child* [7], Joseph Clinton Pearce parle des sept intelligences :

Intelligence physique

Intelligence émotionnelle

Intelligence intellectuelle

Intelligence sociale

Intelligence conceptuelle

Intelligence intuitive

Intelligence imaginative

Nous pourrions en ajouter plusieurs à cette liste, par exemple :

Intelligence spirituelle

Intelligence musicale

Intelligence de « traqueur »

Intelligence de survie

De même, chez certaines personnes on remarque une prédisposition à ce que l'on désigne désormais comme les aptitudes de « l'hémisphère droit » du cerveau, c'est-à-dire les activités artistiques, non linéaires, moins structurées. D'autres sont plus portées vers celles de « l'hémisphère gauche », les processus structurés, linéaires, tels que les mathématiques, les compétences verbales et techniques.

Certes, chaque type d'intelligence a sa propre voie. Par exemple, si vous étiez perdu dans la jungle, vous seriez en meilleure posture avec un guide à l'intelligence de « traqueur » qu'avec une personne bardée de diplômes ! Et si votre auto était tombée en panne à quatre-vingts kilomètres de la ville la plus proche, l'individu doté d'une intelligence physique (qui inclut l'aspect mécanique) se révélera probablement beaucoup plus utile que la personne ayant une intelligence intellectuelle.

Chaque genre d'intelligence est l'indice du genre de contribution que nous sommes venus apporter sur la terre. Chacun de nous possède un don particulier, de l'alpiniste agile au bricoleur génial, en passant par la mère de famille monoparentale qui travaille à temps plein et élève trois enfants débordants de santé. C'est un fait avéré, mais plutôt ironique, que nous sommes souvent les derniers à remarquer et à reconnaître nos propres talents ou la nature prédominante de notre intelligence. Nous avons du mal, pour la plupart, à identifier les domaines où nous excellons. Si le manque d'estime de soi peut contribuer à cet «aveuglement», le fait de vivre quotidiennement avec notre talent, en apparence tout à fait «normal», constitue un facteur plus important.

Lorsque j'étais enfant, je passais tout mon temps à lire et à écrire. La bibliothèque était mon lieu de prédilection et j'avais l'habitude d'imaginer que tout un rayon était rempli de livres que j'avais écrits! Il s'agissait, et c'est toujours le cas, de l'un des aspects prédominants de mon intelligence; c'est une voie que j'ai identifiée et que j'ai pu suivre la plus grande partie de ma vie. Cependant, il n'est pas toujours facile de discerner immédiatement nos talents.

Ainsi, mon éditeur, Hal Bennett, raconte que s'il aimait la lecture et l'écriture dans son enfance, il fut découragé par son incapacité à analyser les phrases et à mémoriser les règles de grammaire, des compétences obligatoires aux écoles qu'il fréquentait. Il avait fini par se convaincre qu'il était, et ce sont ses propres paroles, «tout bonnement stupide pour ce qui concerne l'école», et il cessa pratiquement de se forcer. Il obtint son diplôme d'études secondaires en suivant des cours de rattrapage pendant l'été, et sa famille ne s'attendait pas à ce qu'il poursuive ses études.

À vingt et un ans, il s'inscrivit à un atelier d'écriture qui changea complètement le cours de sa vie. Il rédigea une nouvelle qui fut très appréciée de la classe et publiée ensuite dans un magazine littéraire. C'était le stimulant dont il avait besoin pour développer son talent et son intelligence exceptionnelle. Depuis l'époque de cet atelier d'écriture, il a décroché des diplômes universitaires en rédaction et en santé holistique, de même qu'un doctorat en psychologie. Il a publié douze livres à titre d'auteur et vingt autres dont il est coauteur. Mais il préfère travailler avec d'autres auteurs pour les aider à produire et à polir leur oeuvre.

Son itinéraire a consisté à cultiver les centres d'intérêts qu'il avait enfant, malgré ses désillusions et les nombreux messages contradictoires qu'il recevait à propos de ce qu'il pouvait accomplir ou non. Un cheminement semblable pourra être salutaire à toute personne qui a été dissuadée, d'une façon ou d'une autre, de développer ses talents particuliers et d'approfondir les sujets qui l'intéressaient.

EXERCICE

Redécouvrez votre intelligence naturelle

Songez aux différentes formes d'intelligence que j'ai énumérées dans les paragraphes précédents – ou à toute autre forme d'intelligence que vous pourriez avoir observée vous-même. Quels types d'intelligence possédez-vous? Vous pouvez posséder une combinaison unique de plusieurs intelligences parmi celles mentionnées ci-dessus, y compris une ou quelques autres que vous avez été en mesure d'identifier.

Pour vous aider à définir votre propre type d'intelligence, rappelez-vous quelles activités vous attiraient dans votre enfance. Explorer la nature? Lire? Inventer des histoires? Jouer avec les animaux? Monter des pièces de théâtre? Démonter des objets pour voir leur mécanisme? Les sports? La musique? Autre chose?

Prenez quelques minutes pour dresser une liste des choses que vous réussissez ou que vous aimez vraiment faire. Y a-t-il un fil conducteur? Suivez-le. Il vous guidera vers votre intelligence spécifique.

Lorsque vous entrez en contact avec votre propre intelligence, il est possible en outre que vous découvriez que l'on vous a récompensé, découragé, déprécié ou encouragé à cause de votre centre d'intérêt principal. Si vous avez vécu des expériences négatives en ce qui concerne votre intelligence, commencez dès maintenant à réaffirmer vos capacités en acceptant que votre talent inné et votre intelligence unique sont inscrites dans ces activités et centres d'intérêt qui vous attiraient dans votre jeunesse. Il y a une raison à l'attrait que vous éprouviez, et la boussole intérieure qui vous a indiqué cette direction particulière se trompe rarement, pour ne pas dire jamais.

Si un certain travail est requis pour que vous réhabilitiez votre don, cherchez comment vous pourriez commencer dès maintenant à cultiver les centres d'intérêt de votre enfance. Efforcez-vous d'acquérir des compétences et des connaissances dans ce domaine en suivant des cours, en cherchant à faire la connaissance de personnes qui font carrière dans votre sphère d'intérêt, en lisant davantage sur ce sujet, et – c'est peut-être le plus important – en vous y mettant dès maintenant.

Commencez à « pratiquer », confiants que les centres d'intérêt de votre enfance constituent un indice sûr de votre don véritable. Ensuite, prenez le temps nécessaire pour vous concentrer davantage sur les inclinations que vous aviez enfant. Trouvez un moyen de mettre la main à la pâte : si vous aimiez écrire dans votre jeunesse, commencez à rédiger votre journal personnel ou inscrivez-vous à un atelier d'écriture. Si la mécanique vous attirait, trouvez un appareil endommagé dont le fonctionnement vous intrigue et démontez-le. Si le travail social vous attirait, faites du bénévolat dans un organisme d'aide. Cette forme d'engagement direct contribue non seulement à ranimer et à réaffirmer vos centres d'intérêt et votre « intelligence naturelle », mais elle vous apprend en outre à actualiser ces aspects primordiaux de vous-même qui auraient pu être laissés en friche.

La guérison
du plan émotionnel

Nos émotions sont un élément important de la force vitale qui circule continuellement en nous. Si nous nous interdisons de ressentir pleinement nos émotions, nous stoppons le mouvement naturel de cette force vitale.

Pour la majorité d'entre nous, l'exploration du domaine spirituel constitue avant tout une expérience agréable, épanouissante. Et comme la dimension intellectuelle tient une telle place dans notre culture, nous n'éprouvons pas de véritables difficultés dans notre quête sur le plan mental. Cependant, beaucoup de gens sont en panne au niveau où la guérison émotionnelle est indispensable. La plupart des gens sont angoissés à l'idée d'avoir à effectuer un travail de guérison émotionnelle en profondeur.

Nous vivons dans une société qui, de manière générale, a une peur terrible des émotions. Notre mentalité patriarcale se méfie au plus haut point de l'aspect féminin de notre être – la part d'intuition et de sensibilité en nous. Notre côté rationnel tente d'assurer notre sécurité dans le monde physique et craint la perte de contrôle qu'engendrent les émotions intenses. Comme notre culture admire l'attitude rationnelle, plus masculine, à l'égard de la vie et montre peu de respect pour l'approche plus féminine, plus émotive, nous avons tous appris, à un degré ou à un autre, à cacher et à nier nos sentiments – même à nous-mêmes. Nous avons été formés à enfouir la plupart de nos émotions au fond de nous-mêmes et à montrer seulement ce qui nous paraît sans risque. Et cela se résume d'habitude à peu de choses.

La plupart d'entre nous éprouvent un malaise particulier devant ce que l'on tient communément pour des sentiments «négatifs» tels que la peur, la peine, la tristesse, la douleur et la colère. En réalité, il n'existe pas de sentiment négatif. Nous disons que certaines choses sont négatives parce que nous ne les comprenons pas et que, par conséquent, nous en avons peur. Ces sentiments sont tous normaux et importants. Ils jouent chacun un rôle significatif dans l'expérience humaine. Nous avons besoin de les explorer et de découvrir ce que chacun a à nous offrir, au lieu de les rejeter et de les fuir. Et nous devons comprendre que pour ressentir intensément quelque chose, nous ne devons pas craindre d'éprouver pleinement le contraire. Ainsi, pour éprouver la joie véritable, nous devons être capables d'embrasser notre tristesse. Pour nous ouvrir à l'amour, nous devons accepter la peur comme un élément de notre expérience. Ce qui est intéressant, c'est que souvent nous craignons autant la démesure dans les sentiments «positifs» que dans les sentiments soi-disant «négatifs». Nous ne voulons pas ressentir trop intensément l'amour, la joie ou la passion. Nous préférons la tiédeur des demi-mesures qui nous donne l'impression de contrôler la situation.

Alors que plusieurs d'entre nous ont appris à réprimer leurs sentiments, certaines personnes vivent le problème opposé; elles sont trop facilement envahies par leurs émotions et arrivent difficilement à conserver leur équilibre émotif. Elles portent souvent les émotions refoulées des personnes qui les entourent, ressentent et expriment les émotions de tout le monde aussi bien que les leurs. D'autres encore sont sous l'emprise d'une émotion spécifique qui colore toutes leurs réactions – peut-être la colère ou la peur. Ces situations sont toutes symptomatiques d'un déséquilibre émotif qui demande à être guéri.

Il existe beaucoup d'ignorance et de désinformation au sujet de la guérison du plan émotionnel et cela est attribuable, au moins en partie, à notre peur des émotions. En fait, plusieurs personnes ne reconnaissent même pas l'existence des émotions! Combien de fois avez-vous entendu ou lu des propos sur les *trois* niveaux de l'être – physique, mental et spirituel? Le niveau émotionnel n'est même pas reconnu, on l'inclut tout simplement dans la catégorie mentale. Cela est dû à l'approche transcendante traditionnelle, qui minimise l'importance de l'expérience humaine et met de côté les émotions, si inséparables de la condition humaine, les tenant pour de la pure fabrication.

Plusieurs guides et thérapeutes confondent le niveau mental avec le niveau émotionnel, ou les considèrent comme une seule et même chose. Par exemple, il est possible que vous ayez entendu ou lu certains propos au sujet de l'influence de nos pensées sur notre santé physique, ne faisant aucunement mention des effets de nos émotions sur celle-ci. Pourtant, d'après mon expérience, les émotions bloquées constituent l'une des causes principales de la plupart des maux physiques.

Bien sûr, nos énergies mentales et émotionnelles s'interpénètrent, comme tous les niveaux de notre être. Il est impossible de séparer complètement l'un ou l'autre niveau des autres. Mais les pensées et les émotions sont très différentes, même si on ne peut nier qu'elles ont des liens étroits

et une influence réciproque considérable. La guérison émotionnelle consiste en partie à apprendre à distinguer entre la
pensée et l'émotion. Au début d'un atelier, par exemple,
lorsque l'on demande à une personne ce qu'elle *ressent*, en
imaginant que son patron la congédie sans préavis, il est
possible qu'elle réponde : « Voyons, il n'a aucune raison
d'agir ainsi. J'ai toujours fait mon travail et plus encore ! »
C'est une réplique qui vient de la tête. Si elle venait du
cœur, la réponse serait, « Je suis en colère ! Et j'ai peur. »

Nos pensées ont un lien beaucoup plus étroit avec notre
conscient et notre volonté, alors que la source de nos émotions est plus profonde, moins rationnelle. Nous pouvons
choisir consciemment nos pensées dans une certaine
mesure, mais nous n'avons d'autre possibilité que de nous
accommoder de nos émotions. Par exemple, la personne
congédiée peut choisir de nourrir des pensées de vengeance
ou de critique à l'égard de son employeur, ou encore de se
concentrer sur des pensées qui l'aideront à trouver un autre
emploi. Cependant, une colère sourde, une peur cachée
l'habitent quand même. Elle peut choisir la façon dont elle
vivra ces émotions, soit en restant prostrée dans son fauteuil à la maison, soit en se rendant au bureau et en criant
après le patron, ou en discutant la question à fond avec un
ami ou un thérapeute, pour se mettre ensuite en quête d'un
emploi. En d'autres termes, elle peut réprimer ses émotions, les traduire en actes, ou les explorer, les exprimer, les
accepter, et découvrir des actions appropriées qui lui permettent de prendre soin d'elle-même.

Il est parfois assez stupéfiant de constater comme il y a
peu de gens qui semblent comprendre le processus de la
guérison émotionnelle – et cela inclut même certains thérapeutes et guérisseurs qui sont censés appuyer les gens dans
cette démarche. Plusieurs professionnels sont en mesure
d'aider les gens jusqu'à un certain niveau, mais incapables
de les guider lorsque le travail de guérison émotionnelle

gagne des niveaux plus profonds. Cela est dû partiellement au fait que pour aider efficacement d'autres personnes il est nécessaire de travailler à notre guérison en profondeur, et ce travail, plusieurs thérapeutes ne l'ont pratiquement pas fait. Heureusement, tout cela change peu à peu; nos connaissances sur la guérison émotionnelle progressent chaque jour et plus de gens ont le courage de mener cette démarche. Bien sûr, je ne me considère en aucune façon experte en ce domaine, mais j'ai beaucoup appris en travaillant auprès de plusieurs excellents instructeurs, en m'engageant personnellement dans un processus de guérison émotionnelle en profondeur, puis en aidant plusieurs autres personnes à faire de même.

Lorsque nous étions au berceau ou jeune enfant, nous éprouvions des émotions intenses et nombreuses. Nous avions besoin alors que quelqu'un reconnaisse ces émotions et y réponde de façon appropriée. Par exemple, nous avions besoin d'entendre un message comme celui-ci: «Je comprends que tu sois fâché que ton frère y soit allé et toi, non.» Ou, «Je vois que tu as le cœur gros parce que grand-papa est malade.»

Enfant, nous avons besoin avant tout que nos parents, notre famille, nos professeurs et notre entourage confirment nos émotions. Nous avons besoin d'être assurés que nous avons droit à nos émotions, que nos émotions ne sont ni bonnes ni mauvaises. Nous avons besoin de sentir que les autres peuvent comprendre, peuvent sympathiser avec nous lorsque nous éprouvons d'intenses émotions. En un mot, nous avons besoin que l'on nous permette de vivre nos expériences émotives.

Être confirmés dans nos émotions, c'est bien sûr tout autre chose que d'avoir la liberté de faire tout ce qui nous plaît. Les enfants ont besoin qu'on leur fixe des limites précises autant qu'ils ont besoin d'être assurés qu'il est normal d'avoir des émotions. Par conséquent, un parent pourra dire en même temps à l'enfant, « Tu ne peux aller jouer dehors maintenant », et reconnaître les sentiments de l'enfant, « Je sais que tu es déçu. Je comprends que tu sois contrarié parce que tu ne peux faire de la bicyclette tout de suite ! »

Comme nos parents et nos familles n'ont pas été supportés dans leurs expériences émotives lorsqu'ils étaient enfants, la majorité d'entre eux n'ont pas su le faire pour nous. Plus souvent qu'autrement, ils nous ont transmis le message que nos émotions étaient erronées, mauvaises, inopportunes ou intolérables, en nous disant, par exemple : « Il n'y a aucune raison pour que tu te sentes ainsi. » Ou, « Courage ! Cela ne va pas si mal ! » Ou encore le classique, « Les grands garçons (ou les grandes filles) ne pleurent pas ! » Ou pire encore, « Je vais t'en donner, une bonne raison de pleurer ! » En conséquence, la majorité d'entre nous ont appris à camoufler leurs émotions et à ne montrer que ce qui était jugé acceptable.

Il est possible que nous découvrions, en tant que parents, que nous agissons avec nos propres enfants comme on a agi avec nous. Nous avons tendance à transmettre les attitudes et les comportements que nos parents nous ont enseignés. Si nous n'avons jamais guéri la croyance que nos parents nous ont inculquée, par exemple, que la colère ou la peur sont des sentiments inacceptables, nous aurons tendance à inoculer cette leçon à nos enfants. Et il régnera en eux une confusion émotionnelle tout à fait semblable à celle qui existe en nous.

Malgré tous les efforts des parents, et tous font de leur mieux, il est inévitable que les enfants connaissent dans une certaine mesure l'abandon, le manque d'attention, les blessures émotionnelles. Nous sommes si vulnérables dans notre enfance que ces expériences nous blessent profondément et nous marquent pour le reste de notre vie – ou jusqu'à ce que nous travaillions consciemment à notre guérison émotionnelle.

En travaillant à notre guérison émotionnelle, nous apprenons à nous donner à nous-mêmes et consentons à recevoir d'autrui tout ce que nous n'avons pas reçu enfant. Nous apprenons à accepter et à éprouver nos émotions et, lorsque c'est opportun, à les partager d'une façon qui permette à autrui de nous comprendre. En obtenant qu'une personne au moins entende, comprenne ce que nous ressentons et sympathise avec nous, nous nous engageons dans la voie de la guérison émotionnelle.

Si nous avons nié ou étouffé une grande partie de nos émotions, nous avons peut-être besoin d'un endroit sûr et d'un guide expérimenté pour nous aider à prendre contact avec ces émotions, à les ressentir, puis à les laisser aller. Ensuite, nous devons nous donner des outils pour rester en contact avec nos émotions, en nous permettant de les reconnaître et de les ressentir au moment où elles surgissent. Il est important de prendre contact avec les besoins qui soustendent nos émotions et d'apprendre à exprimer ces besoins efficacement. Derrière la plupart de nos émotions se cache notre besoin d'amour, d'approbation, de sécurité et d'estime de soi. Nous devons faire connaissance avec l'enfant qui vit encore au cœur de chacun d'entre nous, et apprendre à devenir le parent aimant dont notre enfant intérieur a besoin.

Si nous voulons expérimenter tous les registres de notre être au cours de cette existence terrestre, nous devons nous employer à guérir les blessures émotionnelles de notre enfance et de notre jeunesse. Ce travail de guérison en profondeur exige du temps. Il ne peut être expédié ou forcé. Il doit se développer à son rythme, et il faut parfois compter plusieurs années pour pénétrer les niveaux plus profonds. Heureusement, la vie devient de plus en plus satisfaisante, gratifiante, chaque fois que l'on obtient la guérison d'un niveau.

Nos émotions sont un aspect important de la force vitale qui circule continuellement en nous. Si nous nous interdisons de ressentir pleinement nos émotions, nous stoppons le mouvement naturel de cette force vitale. L'énergie se trouve bloquée dans notre corps physique et peut demeurer immobilisée pendant des années ou même une vie entière, à moins qu'elle ne soit libérée. Cette situation mène à la douleur physique, émotionnelle, et à la maladie. Émotions réprimées = blocage énergétique = maux physiques et émotionnels.

En acceptant nos émotions, en nous autorisant à les ressentir et en apprenant à les exprimer de façon constructive et opportune, nous leur donnons la possibilité de se mouvoir facilement et naturellement en nous. Cela permet la libre circulation de la force vitale à travers notre corps physique, ce qui en retour amène une guérison physique et émotionnelle. Émotions ressenties = libre circulation énergétique = bien-être et santé physiques et émotionnels.

J'aime comparer nos émotions à la température toujours changeante, au temps qu'il fait – parfois sombre, parfois clair, à certains moments mauvais et menaçant, à d'autres, calme et serein. Tenter de résister ou de contrôler notre expérience émotionnelle équivaut à essayer de contrôler la température – c'est un exercice frustrant et futile ! D'autre part, si nous ne vivions que des journées ensoleillées, à une température précise de 25 °C, la vie pourrait devenir assez monotone. Quand nous sommes capables d'apprécier la beauté de la pluie, du vent et de la neige, comme celle du soleil, nous sommes libres de jouir de la vie dans sa plénitude.

EXERCICE

La guérison du niveau émotionnel

Si vous constatez que vous avez perdu votre sentiment de bien-être au cours de la journée, essayez cet exercice peu compliqué :

Étendu ou assis dans une posture confortable, portez votre attention, pour un moment, sur la région de votre malaise, en vous rappelant que les émotions retenues dans le corps s'expriment par une tension, une douleur ou une autre forme de gêne physique. D'habitude, ce malaise se fera sentir quelque part au niveau du torse. Concentrez-vous sur la région du malaise avec calme et compassion. Permettez-vous de ressentir le caractère des sensations logées dans cette région. Lorsque vous remarquez que votre attention dévie, peut-être parce que vous vous interrogez sur les causes profondes de ce malaise, ramenez-la sur les sensations à l'intérieur de votre torse. Accordez à votre guide intérieur la permission de porter à votre connaissance tout élément se rapportant à ces émotions. Vous pouvez le faire simplement en demandant, « Y a-t-il quelque chose que tu aimerais me faire savoir ? » Veillez ensuite à maintenir votre attention sur la région qui abrite ces émotions. Autorisez-vous à saisir l'essentiel de ce qui s'y passe. Même si vous ne recevez pas de message, le simple fait d'accorder votre attention à cette région de cette façon particulière, en acceptant de la ressentir, incitera l'énergie stagnante à y circuler plus facilement.

Par ailleurs, le livre de Echo Bodine, *Passion to Heal : The Ultimate Guide to Your Healing Journey*, renferme plusieurs excellents exercices pour obtenir une guérison émotionnelle en profondeur. Il figure dans la bibliographie, à la fin du présent ouvrage.

LA GUÉRISON
DU PLAN PHYSIQUE

*Lorsque nous apprenons à sentir, à écouter
notre corps et à lui faire confiance de nouveau,
notre vie devient le théâtre d'un processus global
de guérison physique. Notre corps... communique
avec nous de façon claire et précise, si nous sommes disposés à l'écouter.*

Comme notre corps abrite les aspects spirituel, mental,
émotionnel de notre être, chaque parcelle de travail
de guérison accompli sur les trois autres plans se reflète sur
notre santé et notre bien-être physiques. Notre corps est le
théâtre où nous intégrons et exprimons les quatre plans de
notre existence. Le sentiment de vitalité que nous éprouvons dans notre vie quotidienne est révélateur de nos progrès sur le plan de la conscience aux autres niveaux. Tandis
que la guérison est en cours sur les autres plans, notre

conscience peut davantage se maintenir dans l'instant présent. Nous nous sentons naturellement plus près de notre corps et sommes capables d'y vivre plus pleinement.

Bien entendu, il existe aussi un processus de guérison spécifique au corps physique. Comme pour les autres plans, il y a certains principes fondamentaux et universels, mais toutefois, chaque personne a aussi des besoins particuliers.

De façon générale, la civilisation moderne ne nous encourage pas à respecter ou à écouter notre corps physique. En fait, plusieurs d'entre nous sont plutôt déconnectés de leurs besoins physiques. Le sédentarisme, le manque d'activité physique qui caractérisent la vie de plusieurs citadins modernes le prouvent clairement. Les jungles de béton, la laideur des métropoles, des villes et des banlieues que nous, humains, semblons portés à créer partout où nous passons en sont un signe visible. Des millions de personnes vivent et travaillent chaque jour dans des immeubles qui les coupent complètement de tout élément naturel. Dans plusieurs de ces immeubles, même l'air ou la lumière ne sont pas naturels. Pire encore, nous polluons notre atmosphère et notre eau et saturons de déchets toxiques le sol où nous cultivons notre nourriture.

À l'exemple de notre corps, qui est le véhicule et l'expression physique de notre conscience individuelle, la terre est la manifestation et le séjour physiques de notre conscience collective. Donc, notre conscience du plan physique et la nature de nos rapports avec ce plan nous sont reflétés à la fois par la façon dont nous traitons notre corps et le corps de la terre.

Si nous avons l'impression d'être déconnectés de notre être physique, c'est en grande partie à cause de l'importance toujours grandissante qui a été accordée à l'intelligence au cours des derniers siècles, et plus particulièrement du vingtième siècle. Notre empressement à explorer le plan mental, qui nous a fait entrer dans l'ère technologique, a contribué à nous couper de la conscience de notre moi physique.

Adoptée par la majorité des religions du monde, l'attitude de l'approche spirituelle traditionnelle, transcendante, envers le corps a également contribué au problème de la perte de contact avec la dimension corporelle. Le corps est considéré comme l'ennemi de l'esprit, le siège de besoins, d'émotions, de passions et d'attachements humains. Et ces religions se donnent pour but de réprimer et de transcender ces aspects humains. Par conséquent, le corps est tenu pour inférieur – inférieur au mental et à l'esprit, ou même carrément mauvais. Il est donc ignoré ou déprécié.

La conscience des besoins et des émotions de notre corps est innée en nous, mais nous avons appris à fermer littéralement l'oreille à ses messages. Nous arrivons à ignorer complètement notre corps, sauf lorsqu'il souffre, aussi découvre-t-il très vite qu'il doit tomber malade ou subir un accident pour attirer l'attention. Et même dans ce cas, l'attention que nous lui accordons se résume à tenter de masquer ou de faire disparaître les symptômes aussi rapidement que possible, afin de pouvoir retourner à nos anciens schémas de comportement inconscients. Nous apprenons à éviter de creuser plus loin pour découvrir l'origine du problème – ce que le corps s'efforce réellement de nous communiquer.

Pourtant, nous sommes plusieurs à penser que nous accordons une attention positive et considérable à notre santé physique parce que nous nous intéressons à la nutrition, à l'exercice et peut-être à la réduction du stress. Trop souvent, pourtant, nous obligeons notre corps à accomplir les activités que nous avons identifiées mentalement comme étant salutaires pour nous – suivre un régime sévère ou nous exténuer à accomplir un programme d'exercices épuisants – au lieu d'écouter les messages véritables qu'il essaie de nous transmettre. Même les exercices de relaxation consciente, conçus pour combattre le stress, peuvent servir à bloquer les messages du corps au lieu de nous aider à mieux les percevoir.

L'usage des drogues est l'un des moyens les plus efficaces pour éteindre les signaux en provenance de notre corps. Nous constatons, pour la plupart, que la toxicomanie, l'alcoolisme, la dépendance au tabac, à la nourriture et à d'autres substances prennent actuellement des allures d'épidémie, alors que les gens essaient désespérément de venir à bout de leur douleur émotionnelle et spirituelle en l'étouffant. Heureusement, alors que nous prenons conscience de la futilité et de la nocivité de ces expédients, des gens de plus en plus nombreux cherchent de l'aide et trouvent la guérison. En réalité, c'est peut-être ainsi qu'une majorité de gens s'engagent dans un processus de transformation – grâce aux programmes en douze étapes comme ceux du mouvement des Alcooliques anonymes et à d'autres formes de traitement.

Il n'en reste pas moins que nous sommes une société axée sur la consommation de drogues, portée à couper les messages du corps par l'abus de médicaments ou l'ingestion de diverses substances. L'usage du café représente l'une des dépendances les plus insidieuses, parce qu'il n'est pas reconnu comme un véritable problème. On peut s'en procurer partout. Des millions de personnes en consomment, et comme il survolte continuellement le système nerveux, il nous est impossible de ressentir ou de suivre notre énergie naturelle.

Comme nous avons renoncé à la responsabilité du bien-être de notre propre corps, nous sommes devenus trop dépendants des autorités extérieures en matière de santé physique. Bien sûr, nous devons faire appel aux médecins et aux autres professionnels de la santé lorsque nous avons besoin de l'aide d'un spécialiste, mais il nous faut contrebalancer cette confiance que nous plaçons en autrui par une meilleure connaissance de soi et une meilleure confiance en soi. Nous devons considérer les professionnels qui nous viennent en aide non comme des autorités infaillibles, mais comme des « personnes-ressources » qui nous prêtent secours sur la voie de la guérison.

L'une de mes amies a consulté un médecin qui lui avait été chaudement recommandé au sujet d'une excroissance sur le pied. Le médecin lui recommanda l'intervention chirurgicale. Elle subit une opération qui se révéla un échec et endura d'intenses douleurs pendant un certain temps. Un autre médecin qu'elle consulta lui confia qu'il aurait déconseillé l'opération. Mon amie se rendit compte qu'elle ne s'était même pas arrêtée pour prendre en considération ses propres sentiments ou envisager d'obtenir un deuxième avis avant de suivre la recommandation du premier médecin. Je ne veux pas laisser entendre par là qu'un second avis est indiqué dans tous les cas ; je suggère plutôt qu'il est aussi important de vérifier notre propre sentiment que de demander l'avis des experts.

Lorsque nous apprenons à sentir, à écouter notre corps et à lui faire confiance de nouveau, notre vie devient le théâtre d'un processus global de guérison physique. Notre corps connaît souvent ses propres besoins. Il communique avec nous de façon claire et précise, si nous sommes disposés à l'écouter.

Notre corps fait connaître ses besoins physiques – ce qu'il souhaite manger et à quel moment, comment et quand il désire se reposer, bouger, ou avoir un contact physique avec d'autres personnes. Une fois que nous nous libérons des besoins irrépressibles, artificiels que nous pouvions avoir – la consommation d'alcool, de drogues, de caféine, du sucre, la suralimentation, l'activité physique excessive, etc. – et que nous prêtons attention aux véritables désirs et réactions du corps, nous pouvons compter sur un guide très sûr pour ce qui concerne nos besoins physiques. Quand nous apprenons à écouter notre corps et à suivre ses messages, nous sommes en bonne voie de guérir.

N'oubliez pas que votre corps est aussi un baromètre de vos besoins spirituels, mentaux et émotionnels. Si vous avez ignoré un besoin à un autre niveau – disons que vous avez omis de vous occuper du besoin que vous éprouviez de trouver une forme de nourriture spirituelle –, votre corps finira par exprimer ce besoin physiquement, par exemple, par des maux de tête continuels ou peut-être par une infection des voies respiratoires supérieures. Cela semble se vérifier particulièrement sur le plan émotionnel, peut-être parce qu'il s'agit du niveau le plus méconnu et le plus perturbé chez la plupart d'entre nous ; si nous n'avons pas prêté attention à nos besoins émotionnels et à nos sentiments, ils tenteront tôt ou tard de se faire comprendre de nous par le biais de malaises et de maladies physiques. Je suis convaincue pour ma part que la majorité, sinon la totalité, de nos maux physiques sont liés à des causes spirituelles, mentales et émotionnelles.

En général, la maladie ou l'accident indiquent que nous devons peut-être descendre en nous-mêmes, à la recherche de nos besoins et de nos émotions, ou être plus attentifs à suivre les recommandations de notre guide intérieur. Ils peuvent être l'indice d'un conflit intérieur dont nous devons nous occuper plus directement. Par exemple, Kathy Altman, qui est à la fois mon amie et ma directrice administrative, est une personne merveilleusement responsable et disponible. Elle s'occupe de mes besoins et de ceux de tout le monde d'une façon remarquable, mais elle est moins douée pour accepter l'aide d'autrui. Un jour que nous étions à organiser une importante retraite à Hawaï, elle s'est blessée à la cheville et fut incapable de s'occuper personnellement des données logistiques de l'organisation. Elle fut forcée de demander l'aide et le soutien d'autrui. Ce fut difficile, mais certainement salutaire pour elle. Et tout le monde fut enchanté d'avoir l'occasion de veiller un peu sur elle.

Le fait que les maux physiques puissent être rattachés à des causes émotionnelles, ou d'une autre nature, *ne signifie pas que nous avons une maladie parce que nous n'avons pas réussi à devenir une personne consciente !* Trop souvent, les gens qui embrassent l'idée que des causes spirituelles, mentales et émotionnelles sont à l'origine des maladies physiques se servent de ce concept pour culpabiliser. Ils pensent que si seulement ils avaient fait un travail approprié sur eux-mêmes, ils auraient pu prévenir le problème.

Malheureusement, un trop grand nombre de guides et de thérapeutes appuient sans le vouloir ces sentiments de honte ou de culpabilité en laissant entendre que le fait de penser correctement, de dire les affirmations appropriées, de suivre le bon régime alimentaire devrait vous permettre de rester en parfaite santé. Inutile de dire que ce n'est pas si simple. Nous pouvons avoir une alimentation parfaitement saine, méditer chaque jour, faire régulièrement de l'exercice physique et tomber malade malgré tout ! Le fonctionnement de la conscience est complexe et souvent mystérieux. Nous ne pouvons toujours savoir le pourquoi des choses. N'oubliez pas que notre âme utilise toutes les avenues possibles pour nous éduquer et nous éveiller.

Un mal physique n'est pas nécessairement un phénomène négatif. En réalité, c'est toujours une occasion d'apprentissage, de croissance et de guérison à tous les niveaux – non seulement pour la personne souffrante, mais aussi pour les proches qui sont touchés par cette situation. Cela vaut pour les maladies et accidents mineurs ou majeurs, quoique, bien sûr, plus le problème se révèle sérieux, plus l'apprentissage est intense. Aussi difficile qu'il soit à accepter, tout mal physique peut être envisagé comme un cadeau, une occasion de jeter un regard sur nous-mêmes et sur notre vie et d'apprendre quelque chose. Il offre la possibilité d'un changement et d'une évolution véritables.

La façon la plus constructive et efficace de faire face à un problème physique consiste à reconnaître que vous l'avez, que vous n'en êtes pas «coupable», mais que vous voulez utiliser cette expérience pour intensifier et élargir votre conscience.

Naturellement, il est rare que l'expérience soit perçue comme une occasion de changement et de croissance, au moment où elle se produit. Il y a de grandes chances qu'elle soit douloureuse, angoissante, déroutante et déprimante. Le processus de guérison consiste en partie à accepter de ressentir ces émotions. Il peut être bénéfique de poser le problème en utilisant une approche de ce genre: «Même si c'est une expérience affreuse, que je ne comprends pas, je sais qu'elle peut être une occasion d'apprentissage et de guérison, et je laisse un espace ouvert en moi pour recevoir ce don et cette compréhension, au moment approprié.» Cette attitude permet à notre guide intérieur de nous indiquer ce que nous devons apprendre par cette expérience.

Par exemple, j'ai attrapé une vilaine grippe dernièrement – un virus sorti tout droit de l'enfer! J'avais été sous pression pendant des mois, en partie parce que j'étais occupée à rédiger ce livre. Lorsque j'ai attrapé la grippe, j'étais débordée comme à l'habitude, mais je me sentais si malade que je n'avais d'autre choix que de rester au lit. C'était stressant pour moi de sentir que je prenais du retard dans mon travail. Je n'avais pas l'énergie de m'occuper de quoi que ce soit – un sentiment étrange, car je suis généralement en bonne santé et pleine d'énergie.

Comme les symptômes persistèrent pendant près de deux semaines, je suis devenue dépressive, et de sombres sentiments de désespoir et d'inutilité ont fait surface. Finalement, avec l'aide d'un ami thérapeute, j'ai pu entrer en contact avec les émotions sous-jacentes. Je m'étais surmenée durant les deux ou trois mois précédents, j'avais essayé d'en faire trop (j'ai tendance à agir de la sorte), à tel point que mon enfant intérieur était désespéré et découragé, convaincu qu'il n'aurait plus jamais de repos, d'attention ou de plaisir! Une fois que j'eus exprimé ces émotions, je me suis sentie délivrée d'un poids émotionnel et le lendemain, j'étais enfin rétablie.

Depuis ce temps, j'ai réussi à compenser mon travail assidu par un surcroît de repos et des distractions plus nombreuses. C'est un aspect sur lequel je travaille depuis plusieurs années, et la maladie semble m'avoir fait progresser sur la voie de la guérison. Elle m'a apporté en outre une compréhension, une sympathie profondes pour les personnes dépressives. Il m'était rarement arrivé de sentir que j'étais incapable de faire face à la vie, et je sais à présent comme cela peut être angoissant et démoralisant. Je n'en serai que plus compatissante pour les personnes qui ont des symptômes similaires, et plus apte à les soutenir.

La maladie que j'avais contractée consistait manifestement en une combinaison de facteurs physiques (la propagation d'un virus redoutable) et émotionnels (l'état de stress et d'épuisement dans lequel je me trouvais). Je ne sais quel fut le plus important, le virus ou le surmenage, mais il est évident qu'ils ont agi de concert. Cela m'a beaucoup apporté. Et je me sens en pleine forme maintenant! Donc, ce n'était pas une expérience à laquelle j'aurais pu ou dû me soustraire. Il s'agissait d'une étape qui s'inscrivait parfaitement dans ma quête de conscience.

Évidemment, les enjeux sont plus élevés lorsque la maladie ou l'accident peuvent être mortels, et les émotions bien plus intenses. Les possibilités de croissance sont également décuplées. Plusieurs personnes découvrent qu'une maladie très grave les amène à faire face à des questions majeures, et que cette confrontation leur permet une prise de conscience qui a le pouvoir de transformer leur vie.

Encore une fois, nous devons veiller à ne pas porter de jugement sur autrui ou sur nous-mêmes, parce que nous sommes atteints d'une grave maladie ou pour tout ce qui peut en résulter. Nous devons comprendre que la mort peut être un choix légitime, positif, et non un échec. Qui sommes-nous pour juger de la destinée de notre âme ou de celle d'autrui ? Une maladie mortellement grave peut amener une personne à choisir la vie et à accomplir tous les changements nécessaires à sa guérison. Une autre peut choisir consciemment ou inconsciemment la mort. Elle a peut-être accompli ce qu'elle avait besoin de faire au cours de cette vie, ou elle a l'impression qu'elle sera en mesure de réaliser plus efficacement l'étape suivante sur un autre plan d'existence, ou dans une autre vie.

L'un de mes amis m'a relaté dernièrement la mort de sa mère. Il m'a raconté qu'il s'était occupé d'elle au cours des quelques semaines qui ont précédé sa mort, depuis le commencement, quand elle refusait d'admettre sa maladie incurable, jusqu'à sa mort, qu'elle a vécue consciemment et paisiblement. Comme elle était âgée de près de quatre-vingt-cinq ans, elle avait le sentiment d'avoir accompli tout ce qu'elle avait rêvé de faire et était assez satisfaite de la vie qu'elle avait menée. Elle avait une tumeur importante au pancréas et un jour, quand le médecin la toucha à cet endroit en lui demandant si c'était douloureux, elle répondit en souriant, « Ah non. J'éprouve de la gratitude. Cela me permet de quitter cette vie et de passer à autre chose. »

Si vous êtes atteint d'une très grave maladie, l'une des choses les plus importantes que vous pouvez faire, c'est de tenter de joindre et de reconnaître cette partie de vous-mêmes qui souhaite mourir, qui choisit la mort. Essayez de découvrir les raisons de ce choix. Donnez à ce sentiment toute liberté de s'exprimer. Vous pouvez également avoir besoin de sentir et de reconnaître cette partie de vous-mêmes qui veut vivre. Cherchez les motifs de ce choix.

Permettez-vous de ressentir consciemment l'antagonisme entre les deux; ensuite, demeurez attentif à ce conflit non résolu, aussi longtemps qu'il sera nécessaire, jusqu'à ce qu'il commence à se résoudre d'une façon ou d'une autre. Vous pourrez avoir besoin de l'appui et des ressources d'un thérapeute ou d'un conseiller, ayant une grande expérience dans ce domaine, pour accomplir cet exercice.

L'idée qu'une partie de vous-mêmes *veut* mourir peut sembler révoltante. Il est possible que vous ne soyez aucunement conscients de cette partie. Peu d'entre nous le sont. Néanmoins, d'après mon expérience, dans la psyché de tout individu aux prises avec une maladie qui risque d'entraîner la mort, il y a un aspect qui choisit la mort, consciemment ou inconsciemment. Souvent, il a ses origines chez notre enfant intérieur, qui, pour une raison ou une autre, ne voit pas ses besoins comblés. Quelquefois, cela a un rapport avec la présence d'un censeur féroce, ou d'un tyran, à l'intérieur de la personne, qui provoque un sentiment de haine de soi.

Dans certains cas, il est possible que le corps lui-même se sente peu apprécié et soutenu, peut-être parce que la personne adhère à une philosophie spirituelle transcendante et considère que le corps est sans importance, irréel, ou même corrompu. Ou il est possible qu'un aspect spirituel, chez la personne, se sente tout simplement prêt à poursuivre sa route, comme ce fut le cas pour la mère de mon ami, dans l'exemple ci-dessus. En prenant contact avec les aspects qui veulent mourir et ceux qui ne le veulent pas, il est possible de rendre ce choix plus conscient.

Le dialogue intérieur, décrit au chapitre «À la découverte de nos sous-personnalités», constitue l'une des techniques les plus efficaces pour accomplir ce travail. Vous pourriez aussi rédiger un journal ou écrire avec votre main la moins habile. (Veuillez consulter les ouvrages de Deena Metzger et Lucia Capacchione figurant dans la bibliographie à la fin de cet ouvrage.) Bien entendu, vous utiliserez ces techniques concurremment avec tous les traitements curatifs et/ou soins médicaux dont vous avez besoin.

❖ ❖ ❖

Comment procéder à la guérison du niveau physique de notre être ? La première étape consiste à recevoir le traitement le plus efficace et le plus immédiat que nous puissions trouver, en particulier si nous sommes atteints d'une affection grave ou aiguë. (Voir les explications ci-dessous). La seconde consiste à enrichir nos connaissances sur les pratiques qui permettent de conserver et d'améliorer notre santé. Cela peut inclure d'être suivi et appuyé par des praticiens appropriés de la médecine traditionnelle et/ou de la médecine alternative. La troisième étape, qui peut être accomplie en même temps que la première et la seconde, consiste à examiner les facteurs émotionnels, mentaux et spirituels qui peuvent contribuer au problème physique, et à obtenir toute forme d'aide dont vous pourriez avoir besoin.

Le choix d'une cure pour un problème physique peut se révéler compliqué. Plusieurs possibilités s'offrent à nous de nos jours, dont la médecine et la chirurgie occidentales, la médecine chinoise traditionnelle, la médecine ayurvédique, l'homéopathie, la phytothérapie, la naturopathie, l'acupuncture, la chiropractie, le travail corporel et la massothérapie, les exercices thérapeutiques, ainsi que l'alimentation et la nutrition.

À mon avis, toutes ces approches, ainsi que certaines autres que j'ai omis de mentionner, sont certainement utiles et indiquées dans des situations particulières. J'ai profité de l'action bienfaisante de la presque totalité d'entre elles à certaines époques de ma vie. Plusieurs, comme le hatha yoga, l'exercice physique, le massage, les soins chiropratiques, l'acupuncture et une saine alimentation, font partie des habitudes de vie que j'ai adoptées pour rester en bonne santé.

Nous constatons que de plus en plus de médecins et de cliniques médicales, à travers le pays, utilisent à la fois les méthodes de la médecine traditionnelle et celles de la médecine alternative. En cas de maladie sérieuse, ces personnes sont souvent pleines de ressources. Elles peuvent vous être d'une aide inestimable en vous fournissant les informations que vous voudrez obtenir au moment où vous ferez des choix en rapport avec votre traitement.

Il est important de découvrir ce qui vous réussit, qu'il s'agisse de conserver une bonne santé, de résoudre des problèmes dès qu'ils surviennent ou de recouvrer des forces et la santé à la suite d'un traitement aussi radical que la chirurgie. D'après mon expérience, plus le problème est aigu, plus il y a de chances que la médecine occidentale soit mise à contribution, puisqu'elle utilise généralement les méthodes les plus radicales et rapides pour traiter les urgences ou le fonctionnement défectueux d'un organe. Pour des problèmes moins évidents, certaines des méthodes qualifiées d'alternatives peuvent en fait se révéler plus efficaces. Par exemple, la médecine occidentale peut être impuissante à soulager plusieurs types de maux de dos, mais en travaillant avec un chiropraticien, un massothérapeute et/ou praticien corporel, nous arrivons lentement à guérir et à rééduquer le corps physique pour que le problème ne réapparaisse pas. Souvent, l'habileté, la sagesse et la sensibilité du praticien peuvent se révéler un facteur plus important que la méthode utilisée.

Explorez, renseignez-vous et apprenez tout ce que vous pouvez sur les options qui s'offrent à vous, puis faites confiance à votre guide intérieur quant au choix de la meilleure formule. Consultez des professionnels compétents. Écoutez soigneusement ce qu'ils ont à dire. Recueillez les commentaires de vos amis et de vos proches.

Ensuite, écoutez votre propre sentiment de la vérité et déterminez quelle est la meilleure ligne d'action.

Après avoir fait le nécessaire pour vous assurer que votre corps reçoit les soins dont il a besoin, tournez votre attention vers les autres niveaux de votre être. Identifiez vos besoins émotionnels, mentaux et spirituels. Ensuite, prenez des mesures pour vous occuper de ces besoins.

N'oubliez pas que le corps est un merveilleux communicateur. Il nous fait connaître ses besoins. Cultivez l'art et l'habitude de percevoir, de sentir et d'écouter les messages de votre corps. En apprenant à satisfaire les besoins de notre corps, nous nous harmonisons à nos rythmes et à nos cycles naturels ainsi qu'à ceux de la Terre.

La Terre est notre maître par excellence. Si nous prêtons attention, elle peut nous enseigner tout ce que nous avons besoin de savoir au sujet du plan physique de l'existence. Elle fait la démonstration de ses rythmes et cycles naturels ainsi que de toutes les lois naturelles de la vie, chaque jour, de toutes les façons possibles.

La majorité des cultures indigènes de la planète comprenaient intimement et vénéraient le lien qui rattache l'humanité à la Terre. Leurs systèmes de croyances s'articulaient autour des rapports qui existent entre notre bien-être physique, émotionnel, mental et spirituel, aussi bien individuel que collectif, et notre « mère », la Terre. L'intérêt renaissant pour la sagesse des nations aborigènes que l'on observe actuellement reflète une reconnaissance du fait que nous avons énormément à apprendre de ces dernières sur la façon de créer de saines relations avec nous-mêmes, avec autrui et avec la Terre.

Les pressions de la vie moderne ont tendance à nous éloigner toujours davantage des cycles et des rythmes naturels de la Terre. C'est la sonnerie du réveil qui nous tire du lit le matin et nous allons dormir après le bulletin d'informations télévisé de fin de soirée. Notre vie est structurée en fonction de ce que nous nous croyons obligés de faire, non en accord avec notre sensibilité aux rythmes naturels. Pourtant, si nous avons perdu contact avec la Terre, nous en faisons toujours partie. Nous devons reconnaître ce fait, pour respecter les rythmes de la Terre et vivre en harmonie avec eux.

Nous ne sommes pas des machines capables de donner le même rendement tous les jours, infatigablement. Notre état émotionnel, notre disposition d'esprit ne seront pas les mêmes les jours d'été ensoleillés que les sombres journées d'hiver. Et des myriades d'autres variations viennent nous affecter pendant la journée. Si nous réussissons chaque jour à reconnaître et à accepter ces modifications, nous pouvons mieux nous insérer dans le mouvement de la vie.

Il est essentiel de sortir à l'extérieur chaque jour, ne serait-ce que quelques instants, afin de prendre davantage conscience de notre lien avec la Terre. Seul ce contact direct avec le monde naturel nous permet de percevoir les modifications qui s'opèrent tout au long des saisons. Si vous habitez la grande ville, il est un peu plus difficile de rester en contact avec la nature, mais tout le monde, ou presque, peut marcher à l'extérieur, observer le ciel, sentir le soleil et voir le temps qu'il fait.

L'activité physique quotidienne est très importante pour conserver au corps et à l'âme la santé et la joie. Lorsque nous bougeons, la force vitale peut circuler librement à travers notre organisme, guérir et renouveler notre corps matériel et nous apporter du plaisir et de la joie.

Je suis convaincue que l'existence dans un corps physique est censée être une expérience extatique. En prenant une part active à notre guérison et à notre processus de transformation, nous pouvons nous ouvrir toujours davantage aux multiples bienfaits de la vie.

EXERCICE
Méditation corporelle

Réservez-vous un moment où vous pourrez être seul à la maison. (Il peut s'agir en partant d'un exercice assez difficile à réaliser pour la plupart des gens!) Poussez les meubles, si nécessaire, afin de faire de la place dans une pièce où il vous sera possible d'utiliser un magnétophone. Ensuite, faites cet exercice de méditation corporelle.

Faites comme si votre corps était un instrument de musique que vous êtes en train d'accorder pour jouer avec l'orchestre. Choisissez quelques-unes de vos pièces favorites et mettez-vous à bouger doucement avec la musique.

Il est possible que vous vouliez respecter l'ordre naturel de votre corps et commencer par remuer la tête une minute ou deux, en suivant le rythme de la musique.

Portez ensuite votre attention sur vos épaules et bougez-les à votre guise pendant quelques minutes.

Dirigez par la suite votre attention sur chaque partie de votre corps pour quelques minutes, jusqu'à ce que vous sentiez que vous avez accordé à chaque partie assez de temps pour s'échauffer et s'exprimer – les bras, les mains, le torse, les hanches, les cuisses, les genoux et les pieds.

Une fois que vous en serez aux pieds, vous souhaiterez peut-être travailler en sens inverse – genoux, cuisses, hanches, etc. – pour poursuivre l'échauffement. Lorsque vous sentirez que votre «instrument est bien accordé», laissez votre corps se mouvoir spontanément au son de la musique. Imaginez que la musique vous traverse vraiment, que les sons s'expriment à travers votre corps comme s'il s'agissait d'un instrument.

Essayez de consacrer une vingtaine de minutes chaque jour à la pratique de cet exercice et vous ne vous sentirez plus le même. Identifiez les parties les plus expressives de votre corps. Dans quelles régions ressentez-vous une tension? Donnez à chaque partie de votre corps du temps pour s'exprimer et vous les verrez changer peu à peu[8].

EXERCICE
Communiquez avec votre corps

Si vous éprouvez une sensation de gêne ou de douleur au niveau des reins, par exemple, asseyez-vous calmement et imaginez de façon très réelle que cette partie de votre corps est en mesure de vous parler. Demandez-lui ce qu'elle veut ou ce dont elle a besoin. Demandez-lui ce qu'elle aimerait vous faire savoir. Demeurez assis et écoutez les réponses qui pourront s'exprimer par des idées, une voix imaginaire, un rêve nocturne ou un rêve éveillé. Vous pourriez envisager également de rédiger un journal en utilisant votre main la moins habile pour donner une voix à votre corps ou à n'importe quelle partie de celui-ci.

Cet exercice est l'une des méthodes les plus efficaces que je connaisse pour amorcer une relation fructueuse avec votre corps. En vous exerçant à percevoir, à sentir et à écouter ce qu'il vous dit, vous commencerez à découvrir non seulement les besoins de votre corps, mais vous apprendrez en outre à remonter à la source véritable de votre malaise ou de votre maladie, ce qui, en fait, est le premier pas vers une santé et un équilibre durables.

Si vous voulez en apprendre davantage sur ces techniques, vous tirerez profit du livre de Echo Bodine, *Passion to Heal*. Il figure dans la bibliographie, à la fin de cet ouvrage.

L'INTÉGRATION

Il existe un principe universel élémentaire :
Chaque élément de l'univers veut être accepté.
Tous les aspects de la création souhaitent être
aimés, appréciés et admis.

L'« intégration » est un mot-clé sur la voie de la transformation. En termes simples, intégrer équivaut à « associer en un tout fonctionnel ». Dans le contexte qui nous occupe, l'intégration implique de devenir des êtres qui se réalisent pleinement, développant, exprimant et incarnant tous les aspects du dieu-vie-univers aussi pleinement que possible dans leur vie quotidienne. Réussir sa vie terrestre implique d'embrasser et d'intégrer notre moi animal (physique), humain (émotionnel et mental) et divin (spirituel).

L'univers physique est un monde de dualité. Il recèle une infinité de polarités, ce qui veut dire que pour chaque vérité, il semble y avoir une vérité correspondante et contraire. Pour des esprits tels que les nôtres, fortement influencés par les systèmes de pensée linéaire, *high-tech*, caractéristiques de la fin du vingtième siècle, le phénomène de la dualité – le fait que chaque vérité possède son anti-pode – semble paradoxal et obscur. Pour avoir une compré-hension globale et ne pas rester perplexes devant le monde que nous nous sommes donné, nous devons nous tourner vers cette part de nous-mêmes qui correspond au côté droit du cerveau, notre moi plus intuitif, plus holistique, qui n'est aucunement gêné par le fait que la vérité puisse paraître paradoxale et ne craint pas d'explorer les polarités.

Il existe en puissance une énergie égale et contraire à chaque énergie fondamentale à l'intérieur de nous, pour lui servir de contrepoids – par exemple, être et agir, donner et recevoir, puissance et vulnérabilité. Mieux nous parvenons à développer et à embrasser ces oppositions existentielles à l'intérieur de nous-mêmes, plus nous devenons un être conscient, cohérent et équilibré. La vie nous pousse conti-nuellement dans la direction qui nous aidera à développer les qualités qui nous font le plus défaut.

Pour permettre à une énergie de s'exprimer pleinement, il est nécessaire d'intégrer l'énergie contraire. On peut même affirmer que l'on acquiert une qualité par la voie de son contraire. Par exemple, vous n'êtes fort que dans la mesure où vous avez accepté et embrassé le trait opposé – votre faiblesse ou votre vulnérabilité. Comme nous devons être prêts à approfondir nos connaissances pour devenir de bons professeurs, ainsi devons-nous apprendre à accepter notre propre folie pour être vraiment sages.

Si la plupart d'entre nous arrivent sans peine à accepter et à exprimer un côté de toute polarité, il n'en va pas aussi facilement pour l'autre côté. Une personne peut être à l'aise dans le rôle de leader, mais incapable d'accepter une posi-tion de subalterne. Un autre se sentira plus confortable dans le rôle de subalterne plutôt que de leader. Ou un individu pourra demeurer en terrain neutre, redoutant d'explorer l'une ou l'autre extrémité – c'est-à-dire, être incapable de diriger ou d'obéir. Si nous nous identifions à un pôle, il est fréquent que la vie nous pousse vers le pôle opposé. Si nous ne sommes à l'aise que dans l'entre-deux, elle peut d'abord nous diriger vers un côté et ensuite vers l'autre.

Si nous voulons intégrer nos polarités intérieures, nous ne pouvons rejeter aucun aspect de nous-mêmes, même ceux avec lesquels nous sommes encore mal à l'aise. L'intégration implique de grandir pour les incorporer. Nous tenons pour négatives certaines de nos émotions, pensées et énergies, alors que nous considérons comme positifs d'autres aspects de nous-mêmes et de la vie en général. Nous essayons de nous débarrasser des éléments négatifs et de n'expérimenter que les positifs. Mais les choses que nous qualifions de négatives sont simplement celles qui nous font peur ou que nous ne comprenons pas. Comme nous ne voulons pas en faire l'expérience, nous tentons de nous en débarrasser. Mais elles ne peuvent disparaître, parce qu'elles font partie de nous et de la vie.

Il faut déployer énormément d'énergie pour contenir ces aspects de nous-mêmes que nous considérons comme « négatifs », ce qui veut dire que nous nous privons de notre force potentielle. En consacrant toujours plus d'énergie à tenter de fermer la porte à nos côtés « négatifs », à essayer de ne pas ressentir ces aspects qui nous paraissent mauvais et inquiétants, nous épuisons notre force vitale. Nous pouvons en fait mourir pour avoir mis toute notre énergie à étouffer notre énergie !

La vie tente de nous enseigner à ouvrir la porte et à regarder ces parties de nous-mêmes dont nous avions peur, que nous détestions, que nous croyons mauvaises, laides, affreuses et menaçantes. Elle nous aide à découvrir les côtés cachés qui nous font défaut, que nous recherchons, sans lesquels nous ne pouvons vivre vraiment.

Il existe un principe universel élémentaire : Chaque élément de l'univers veut être accepté. Tous les aspects de la création souhaitent être aimés, appréciés et admis. Donc, toute qualité ou énergie que vous vous interdisez de ressentir ou d'exprimer ressurgira sans cesse en vous, ou dans votre entourage, jusqu'au moment où vous reconnaîtrez qu'elle est un aspect de vous-mêmes, où vous l'accepterez et l'intégrerez à votre personnalité et dans votre vie.

Par exemple, si on vous avait enseigné qu'il était mal d'exprimer de la colère et que vous ne vous étiez jamais autorisé à le faire, vous auriez de la colère accumulée en vous. Tôt ou tard, elle finirait par éclater ou vous rendre dépressif, ou elle contribuerait à l'apparition d'une maladie physique. De plus, vous constateriez que vous attirez des personnes coléreuses dans votre vie, ou que votre conjoint ou l'un de vos enfants est habité par une profonde colère. Cependant, votre vie peut s'enrichir et s'épanouir dès que vous apprenez à exprimer votre colère de façon appropriée et constructive. Il y a des chances aussi que vous trouviez les gens autour de vous moins enclins à la colère.

Tout élément que nous n'aimons pas, que nous refusons, dont nous voulons nous sauver ou nous défaire, nous poursuivra, nous harcellera. Il nous tournera autour pour nous sauter ensuite au visage. Il nous poursuivra dans nos rêves. Il causera des problèmes dans notre vie, affectera nos relations personnelles, notre santé, nos finances, jusqu'à ce que nous puissions et voulions lui faire face, admettre son existence et l'embrasser comme une partie de nous-mêmes. Dès que nous agissons de la sorte, il n'est plus un problème. Nous n'en faisons plus une montagne. Il ne fait plus la loi dans notre vie. Nous commençons à disposer d'une gamme de plus en plus vaste d'options et de possibilités.

Que devons-nous faire au juste pour réaliser le processus d'intégration que je viens de décrire ? Les chapitres suivants porteront sur ce sujet.

À LA DÉCOUVERTE DE NOS SOUS-PERSONNALITÉS

Le fait est que chaque personnalité abrite plusieurs sous-personnalités, ou plusieurs moi. Nous devons prendre conscience de ces dernières afin de mieux comprendre nos propres conflits et contradictions internes.

En tant qu'adultes modernes, civilisés, nous aspirons à penser et à nous comporter de façon rationnelle et cohérente, la majorité du temps. Mais le fait est que nos sentiments et notre comportement sont souvent très incohérents d'une heure ou d'un jour à l'autre. Par exemple, nous pouvons nous sentir confiant et déterminé à un certain moment et à un autre, éprouver des sentiments exactement contraires – l'inquiétude, la confusion, l'indécision. De plus, nous sommes souvent en proie à des conflits intérieurs, que nous en ayons conscience ou non. Il peut arriver qu'une partie de nous-mêmes veuille effectuer un changement radical dans notre vie, comme quitter un emploi ou mettre fin à une relation, alors qu'une autre désire maintenir le statut quo. Ou il est possible qu'une partie veuille travailler d'arrache-pied et réussir, tandis qu'une partie adverse souhaite se la couler douce.

Le fait est que chaque personnalité abrite plusieurs sous-personnalités, ou plusieurs moi. Nous devons prendre conscience de ces dernières afin de mieux comprendre nos propres conflits et contradictions internes. Le processus du développement de la conscience exige que nous arrivions à connaître nos nombreuses sous-personnalités, à réaliser l'équilibre entre elles et à les intégrer dans notre personnalité.

L'univers est composé d'une infinité de qualités, d'énergies et d'archétypes fondamentaux. En tant qu'être spirituel, chacun de nous est un microcosme du macrocosme – constitué de parcelles de tout ce qui existe dans l'univers. Au moment où nous naissons dans un corps physique, nous avons la capacité de développer et d'exprimer toutes ces énergies dans notre personnalité humaine.

Le développement de la personnalité est en quelque sorte analogue à la structure d'un oignon. Au cœur se trouve notre essence spirituelle, autour de laquelle d'autres couches viennent se superposer à mesure que nous faisons diverses expériences dans le monde et commençons à concevoir diverses façons d'y agir. Le nouveau-né correspond à la première couche de la personnalité entourant le cœur spirituel. Comme il demeure très étroitement en contact avec le moi spirituel, il est doté d'une conscience et d'une sensibilité aiguës, ainsi que d'une présence et d'un magnétisme extraordinaires.

Du point de vue physique, le nouveau-né est complètement démuni, vulnérable et dépendant. Pour survivre, il doit attirer l'amour et l'attention de la mère, de la famille et/ou des autres personnes de son entourage. Par conséquent, il commence à expérimenter diverses façons de s'exprimer et ne tarde pas à identifier les manifestations qui obtiennent les meilleurs résultats. Il peut constater que ses sourires et ses gazouillis lui apportent de l'amour et de la chaleur, et que le fait de pleurer lorsqu'il n'est pas à l'aise lui procure aussi l'attention dont il a besoin. Ou il peut se rendre compte qu'il est délaissé, ou même puni, lorsqu'il pleure.

En grandissant, l'enfant continue d'expérimenter diverses formes d'énergies et de comportements. Il observe et imite ses parents et les personnes de son entourage. Les comportements qui sont approuvés et récompensés, qui lui permettent d'échapper à la punition et à la douleur de l'abandon, sont intégrés dans la personnalité et forment une autre couche de l'oignon. Les énergies et les extériorisations qui suscitent la désapprobation, qui ne sont pas récompensées par le monde extérieur ou qui attirent une forme d'attention indésirable, comme la critique, les railleries ou la punition, finissent par être éliminées ou réprimées et ne deviennent pas un trait évident de la personnalité extérieure. Bien qu'elles soient exclues de la personnalité de tous les jours, ces extériorisations ne s'en vont pas nécessairement. Elles peuvent très bien survivre clandestinement, sans compléter leur développement, ou elles peuvent surgir à l'improviste.

Ce processus, qui consiste à cultiver et exprimer certains aspects de notre être tout en refoulant et reniant certains autres, se poursuit tout au long de l'enfance, de l'adolescence et de l'âge adulte. Les énergies que nous exprimons avec le plus d'aisance deviennent nos sous-personnalités principales – les traits dominants de notre personnalité. Nous nous identifions à nos sous-personnalités et croyons qu'elles constituent notre identité. En réalité, nos sous-personnalités dominantes dirigent notre vie jusqu'à ce que nous prenions conscience du processus en jeu dans la formation de la personnalité.

Par exemple, dans ma famille, les travaux intellectuels étaient valorisés et récompensés par une attention favorable. J'ai donc cultivé des sous-personnalités dominantes réfléchies, s'exprimant avec facilité. Je m'étais fortement identifiée à ma mère, une femme de carrière énergique, audacieuse et prospère. Par conséquent, j'ai cultivé des sous-personnalités dominantes semblables aux siennes – efficaces, compétentes, actives et disposées à prendre des risques. Comme mes parents avaient divorcé lorsque j'avais trois ans et que ma mère avait besoin de travailler, j'ai acquis très tôt le sens des responsabilités et un sentiment d'autonomie. Étant très sensible, je pouvais ressentir la douleur émotionnelle de mes parents (et des autres) et j'essayais de leur apporter soutien et réconfort. Donc, même toute jeune fille, l'énergie de la mère pourvoyeuse devint une sous-personnalité prédominante chez moi.

La description que nous donnons de nous-mêmes, ou celle donnée par une personne qui nous connaît bien, trace en général un portrait assez fidèle de nos sous-personnalités principales. Si l'on m'avait demandé de me décrire au début de l'âge adulte, j'aurais probablement dit que j'étais intelligente, responsable, sérieuse, extravertie et généreuse.

Nos sous-personnalités dominantes correspondent à des énergies réelles, très puissantes. Elles sont comme des personnes qui nous habitent et qui prennent presque toutes nos décisions. Elles ont pour objectif principal de protéger et de défendre l'énergie de l'enfant vulnérable qui vit encore à l'intérieur de nous – la première couche de l'oignon. En général, nous sommes peu conscients de la présence de notre enfant intérieur, tout comme du fait que notre comportement trouve en grande partie son origine dans nos efforts inconscients pour répondre aux besoins de cet enfant et assurer sa protection. En outre, nous n'avons pas une claire perception de nos sous-personnalités en tant qu'énergies distinctes. Nous nous identifions si totalement à elles que nous croyons que c'est réellement ce que nous sommes.

Nos sous-personnalités dominantes peuvent polariser quatre-vingt-dix pour cent (ou même davantage) de notre personnalité et de notre temps ; même dans ce cas, ces « moi » ne constituent qu'une fraction de ce que nous sommes vraiment. Les sous-personnalités dominantes se sont développées parce qu'elles représentaient la meilleure façon de survivre et réussir au sein de notre famille et de notre environnement culturel. Ce sont les énergies qui se sont révélées les plus efficaces pour satisfaire aux besoins que nous avions au début de notre vie.

Nous sommes habités par plusieurs autres énergies, souvent très différentes ou apparemment à l'opposé de nos sous-personnalités dominantes. Nous les avons jadis ignorées ou réprimées parce qu'elles n'avaient pas réussi à nous gagner l'attention ou l'approbation que nous recherchions, ou qu'elles avaient attiré sur nous la punition ou la désapprobation de notre famille, de nos professeurs ou de notre milieu. Comme ces énergies font tout de même naturellement partie de nous, elles ne disparaissent pas du seul fait que nous ne les exprimons pas. Elles demeurent au fond de nous en veilleuse, ou tenteront peut-être d'émerger au moment où nos sous-personnalités dominantes relâchent leur surveillance. Ces énergies réprimées ou sous-développées correspondent à nos sous-personnalités reniées.

Dans mon cas, comme mes sous-personnalités dominantes sont sérieuses, responsables et travailleuses, certaines des énergies que j'ai niées seraient insouciantes, légères et enjouées. Comme je suis une femme d'action, il y a chez moi une énergie moins développée qui correspond à la capacité de me détendre, de prendre plaisir à « être » tout simplement.

Les sous-personnalités que nous avons reniées sont tout aussi importantes que les dominantes. Elles représentent notre capacité de croître, de nous développer et de nous exprimer de façon différente. Elles ne sont pas négatives, bien qu'elles puissent nous sembler telles au premier abord. Comme elles ont été longtemps réprimées, elles peuvent avoir subi une altération. Aussi, lorsque nous identifions une sous-personnalité reniée en nous, elle peut sembler très négative ou effrayante au début. Mais dès que nous établissons des rapports plus étroits avec elle, que nous la laissons s'exprimer librement et que nous réussissons à la comprendre, nous reconnaissons qu'il s'agit à l'origine d'un aspect positif et naturel, essentiel à notre bien-être et à notre intégrité.

Ainsi, si vous vous identifiez étroitement à une sous-personnalité caractérisée par la gentillesse, la prévenance et la tendresse, vous pourriez découvrir des traits totalement opposés chez l'une des sous-personnalités que vous avez reniées – l'égoïsme et une apparente indifférence à l'égard d'autrui. Comme ces qualités vous paraissent sans doute très négatives, vous vous demandez : « Pourquoi devrais-je développer et embrasser cette partie de moi-même ? Je ne veux pas devenir égoïste et indifférent aux autres. En fait, j'aimerais supprimer complètement cette partie de moi-même. »

Toutefois, vous ne pouvez éliminer aucun aspect de vous-mêmes. Vous pouvez le nier et le refouler, auquel cas vous finirez par créer des problèmes dans votre vie. Ou vous pouvez le reconnaître et l'accepter comme une partie normale et naturelle de votre être et, dans ce cas, vous n'en ferez plus un problème. Et avez-vous songé que si votre moi dominant est attentionné, prévenant et au service d'autrui quatre-vingt-dix pour cent du temps, il est probable que vous donnez beaucoup trop. Cette attitude finira par vous vider, si bien que vous n'aurez plus rien à donner.

Il n'est certainement pas bon pour vous, ou pour toute autre personne, de trop donner, car cela vous déstabilise.

Le fait d'apprivoiser et de développer le trait contraire de l'égoïsme – c'est-à-dire avoir conscience et vous occuper de vos *propres* besoins – vous permettra de trouver l'équilibre dont vous avez besoin. En apprenant à mieux vous occuper de vous-même, vous aurez en fait davantage à donner à autrui.

Embrasser les sous-personnalités que vous avez reniées ne signifie pas vous identifier totalement à elles ou déloger vos sous-personnalités dominantes. Cela veut dire trouver un équilibre entre les deux pour que votre vie s'améliore et que votre sentiment de plénitude, de totalité s'intensifie.

On emploie également le mot « ombre » pour désigner les sous-personnalités que nous avons reniées. L'ombre correspond simplement à toute partie de nous-mêmes que nous n'avons pas reconnue et acceptée. Comme cet aspect fait partie de nous, il ne peut disparaître pour la seule raison qu'il a été rejeté. Il nous suit donc tout au long de notre vie comme notre ombre, jusqu'à ce que nous le remarquions et l'acceptions.

Bon nombre d'entre nous renieront probablement leurs énergies instinctuelles – celles associées à la sexualité ou aux pulsions agressives. Cela est attribuable en partie au fait que la plupart d'entre nous ont appris très tôt que ces pulsions sont redoutées au sein de la société civilisée et souvent condamnées par les religions traditionnelles. Comme ces énergies constituent de puissantes manifestations de la force vitale, en les niant, nous finissons par freiner considérablement notre vitalité naturelle. La répression de ces forces – qui est une cause de stress – mène éventuellement à la dépression et à la maladie. Embrasser ces énergies n'équivaut pas à les laisser se déchaîner dans notre vie. Cela veut dire établir un équilibre qui nous permettra de reconnaître, d'apprécier et de tirer profit de nos énergies instinctuelles tout en demeurant conscient qu'il importe de respecter certaines limites, d'avoir de la considération pour autrui, d'adopter un comportement convenable, et ainsi de suite.

Notre culture valorise à tel point la force et l'autosuffisance que plusieurs d'entre nous nient ou répudient tout sentiment d'insuffisance qu'ils viennent à éprouver. Il est difficile pour nous d'admettre que nous désirons ou avons besoin d'être aidé ou appuyé par qui que ce soit. Tout sentiment de dépendance ou d'insuffisance paraît extrêmement embarrassant. Pourtant, si nous sommes incapables de reconnaître et d'accepter nos sentiments de vulnérabilité et d'insuffisance, nous ne pouvons ni demander de l'aide lorsqu'il convient de le faire, ni recevoir de l'amour, ni embrasser notre humanité. Nous développons alors des sous-personnalités dominantes super-compétentes, indépendantes et méfiantes à l'égard d'autrui. Cette difficulté, qui se rencontrait habituellement chez les hommes s'identifiant au modèle masculin traditionnel, est cependant devenue un problème de plus en plus fréquent chez les femmes au cours des dernières décennies.

À l'opposé, certaines personnes s'identifient étroitement à leur vulnérabilité et à leur insuffisance. Si ces traits deviennent le moi dominant d'un individu, ce dernier perdra tout sentiment de force et d'indépendance. Cette forme de personnalité se développe lorsqu'une personne constate dans sa jeunesse que le fait d'exprimer sa force comporte des risques et l'expose à la critique. Il est moins risqué ou plus facile d'être vulnérable, dépendant et passif. Privées de la possibilité de s'affirmer et de prendre soin d'elles-mêmes, ces personnes extrêmement dépendantes peuvent être prises pour victimes par les autres. Il s'agissait traditionnellement d'une situation plus courante chez les femmes, mais en cette époque de changement, plusieurs hommes découvrent qu'ils sont aux prises avec le même problème.

Que devons-nous faire pour établir l'équilibre et l'interdépendance entre nos sous-personnalités dominantes et celles que nous avons reniées? Pour commencer, il est primordial de percevoir et d'identifier nos sous-personnalités dominantes. Le simple fait de les reconnaître comme des parties de nous-mêmes implique que nous ne nous identifions plus totalement à elles au point qu'elles nous engloutissent. Si cette étape peut sembler abstraite, elle se révèle en fait extrêmement efficace. N'oubliez pas que le changement découle en majeure partie d'une prise de conscience.

En apprenant à mieux connaître nos sous-personnalités dominantes, nous nous formons un ego conscient – un élément conscient au sein de notre personnalité – qui connaît tous nos différents «moi» et contribue à notre équilibre et notre harmonie intérieurs. La vie nous offre des choix plus nombreux à mesure que nous nous familiarisons avec nos sous-personnalités dominantes. Par exemple, lorsque je me suis rendu compte que mes énergies intellectuelles et mon acharnement au travail correspondaient à des sous-personnalités principales, j'ai commencé à entrevoir d'autres possibilités. Il n'était pas nécessaire que la vie soit synonyme de travail acharné. Le fait est que tant que je me raccrochais à ces qualités, en agissant comme si je devais absolument m'aligner sur elles, j'ignorais complètement les autres aspects de mon être.

En cultivant un ego conscient, capable d'observer les sous-personnalités dominantes avec plus d'objectivité et de détachement, nous constatons avec surprise que nous nous ouvrons bien plus facilement aux options de plus en plus variées qui s'offrent à nous. Comme nous cessons de nous identifier totalement à nos sous-personnalités dominantes, nos énergies reniées commencent à s'infiltrer dans l'échappée qui se crée. Elles le font de façon progressive et naturelle, de sorte que nous commençons simplement à sentir en nous un équilibre grandissant. Une fois que l'ego est devenu conscient, notre vie a tendance à devenir beaucoup plus sereine et flexible, et nous sommes plus à l'aise avec ces sous-personnalités que nous avions niées ou réprimées antérieurement.

Cela ne signifie pas que nous devons tenter de nous débarrasser de nos sous-personnalités dominantes. Au contraire, ce sont des aspects essentiels dont nous avons encore besoin! Elles nous ont aidés à survivre jusqu'à présent dans la vie et nous désirons les conserver. La conscience accrue provenant d'un ego éveillé multiplie tout simplement les choix que l'on peut faire consciemment en rapport avec notre vie. Au lieu de laisser ma sous-personnalité de travailleuse acharnée et responsable diriger quatre-vingt-quinze pour cent de ma vie et prendre presque toutes les décisions pour moi, je préfère lui faire confiance en tant que conseillère. Je peux alors choisir graduellement de travailler un peu moins fort, d'être un peu moins sérieuse et de permettre aux énergies de la détente, de l'insouciance et du jeu, que j'avais réprimées, de venir enrichir ma vie.

Dans le cadre de cette démarche, il est essentiel d'être reconnaissant à nos sous-personnalités dominantes des efforts qu'elles ont déployés pour prendre soin de nous, et de leur faire savoir que nous voulons encore d'elles. Cela peut sembler étrange, mais les sous-personnalités sont pareilles à de vraies personnes: elles ont besoin d'être aimées, comprises, appréciées et acceptées. Elles ont une mission à remplir et ne veulent pas être ignorées. Si elles sentent que nous essayons de les détruire ou de nous débarrasser d'elles, elles réagiront avec force et souvent de façon détournée, en sabotant les efforts que nous avons faits pour changer et évoluer. Chaque partie de notre être est importante et a besoin de savoir qu'elle aura la place qui lui revient au sein de notre psyché et dans notre vie[9].

L'énergie de l'enfant originel et vulnérable que nous avons été autrefois est sous-jacente à la structure complexe de la personnalité, constituée de toutes ses sous-personnalités dominantes et reniées. Même si nous ne sommes peut-être plus consciemment en contact avec l'enfant, jamais il ne grandit ni ne nous quitte. Il demeure un aspect fondamental de nous-mêmes tout au long de notre vie. Au fond, notre personnalité dans son ensemble s'est développée dans le but de prendre soin de l'enfant, de le protéger et de tenter de satisfaire ses besoins. Paradoxalement, l'enfant se retrouve enseveli sous les multiples couches de notre personnalité et oublié au niveau conscient. Toutefois, au niveau inconscient, la plupart des autres sous-personnalités s'efforcent constamment de prendre soin de l'enfant par différents moyens (souvent incompatibles).

En devenant plus conscients, nous découvrons en général que plusieurs des moyens que nous utilisions pour répondre aux besoins de notre enfant intérieur sont dépassés, insuffisants ou même autodestructeurs. Par exemple, si nous avons grandi dans une famille dysfonctionnelle, il est possible que nous ayons adopté une attitude de défense pour éviter que l'enfant en nous soit blessé. Nous évitons toute intimité émotionnelle avec autrui. Nous pouvons nous rendre compte ultérieurement que ce comportement nous empêche – et empêche plus particulièrement notre enfant intérieur – d'obtenir l'amour et l'attention qu'il désire ou dont il a besoin. Puisque nous sommes des adultes dotés d'un ego conscient, nous pouvons choisir de changer ce schéma de comportement et permettre de nouveau à certaines personnes d'avoir une relation étroite avec notre enfant intérieur.

À ce stade, nous commençons à prendre la responsabilité du processus. Mais pour ce faire, nous devons nous familiariser avec notre enfant intérieur, savoir ce qu'il ressent, découvrir ses besoins et apprendre à prendre soin de lui de façon consciente et efficace. D'une certaine manière, nous devons agir comme des parents attentionnés et conscients à l'égard de notre moi-enfant.

La réconciliation avec notre enfant intérieur se révèle l'une des étapes les plus importantes, les plus intérieures, de notre quête de la conscience. Parce que l'enfant correspond à l'aspect le plus profond de notre personnalité, il est la clé de notre bien-être émotionnel. Tant que nous n'avons pas consciemment accès à la vulnérabilité et à la sensibilité de notre moi-enfant, nous sommes incapables de créer et de conserver une intimité véritable dans nos relations personnelles. Outre sa vive sensibilité, l'enfant correspond à cette part de nous-mêmes qui sait jouer, s'amuser et apprécier la vie. Sans l'enjouement de notre enfant intérieur, la vie devient trop sérieuse et terne.

Ce sont en grande partie les travaux et les études que j'ai menés avec les docteurs Hal et Sidra Stone qui m'ont permis d'acquérir une compréhension des sous-personnalités psychiques et du fait que l'ego doit accéder à la conscience. Ils ont une connaissance approfondie de la psychologie des sous-personnalités et la méthode qu'ils ont créée pour connaître et comprendre nos nombreuses sous-personnalités – le dialogue intérieur – est l'un des outils de croissance les plus efficaces qu'il m'ait été donné d'expérimenter. Leurs travaux s'inspirent et se rapprochent de plusieurs disciplines – l'analyse jungienne, la gestalt thérapie, la psychosynthèse, pour n'en nommer que quelques-unes. Mais ils vont plus loin que quiconque sur quelques points. J'ai constaté l'extraordinaire utilité de leur approche tant dans ma démarche de guérison personnelle que dans mon travail auprès d'autrui.

Hal et Sidra animent des séminaires et des ateliers dans le monde entier ; ce sont des instructeurs remarquables, d'une grande sagesse. Auteurs de plusieurs excellents ouvrages, ils ont également produit un grand nombre de cassettes. (Vous trouverez des informations plus complètes à ce sujet, de même que sur leurs ateliers, en consultant la bibliographie du présent ouvrage.)

Le dialogue intérieur se révèle une méthode très efficace pour découvrir et guérir votre enfant intérieur, mais il existe aussi plusieurs autres méthodes pour y arriver. Il y a, de nos jours, un nombre considérable de groupes de soutien et de thérapeutes qui se spécialisent dans le travail de guérison de l'enfant intérieur. Al-Anon a créé des groupes à l'intention des enfants de parents alcooliques, ou issus d'un autre type de famille dysfonctionnelle, dans le but particulier de leur apprendre à aimer leur enfant intérieur et à veiller sur lui. Grâce à ses livres, ses séminaires et ses émissions télévisées, John Bradshaw a aidé des millions de personnes à comprendre l'importance du travail de guérison de l'enfant intérieur. Lucia Cappachione, auteure et titulaire d'un doctorat d'État, a publié un excellent ouvrage intitulé *Recovery of Your Inner Child*[10], qui vous expliquera comment entrer en contact avec votre enfant intérieur et le guérir en pratiquant l'écriture avec votre main non dominante. L'une de mes amies très chères, Tanha Luvaas, a écrit un livre merveilleux, *Notes from My Inner Child: I'm Always Here*, que je vous recommande chaudement. En fait, comme l'ouvrage a été écrit par l'enfant intérieur de Tanha, il est très évocateur pour l'enfant intérieur du lecteur. D'autre part, j'ai produit un enregistrement intitulé *Discovering Your Inner Child*, qui propose une méditation afin de vous aider à entrer en contact avec votre enfant intérieur. Vous trouverez la liste complète de ces documents dans la bibliographie du présent ouvrage.

EXERCICE

Apprenez à connaître
vos sous-personnalités dominantes

Faites une liste incluant six à douze traits de votre personnalité particulièrement prononcés afin de percevoir vos sous-personnalités dominantes. Si vous avez de la difficulté à identifier ces traits, imaginez ce que l'un de vos amis intimes, qui vous connaît très bien, dirait à votre sujet. Notez ensuite les mots employés pour cette description. Essayez de ne pas porter des jugements d'ordre moral ou d'attribuer une étiquette positive ou négative à vos attributs. Soyez aussi objectif que possible.

Une fois que vous avez dressé cette liste, étudiez-la et voyez si elle semble décrire les modes d'action que vous adoptez en général dans le monde extérieur. En prenant davantage conscience de ceux- ci, vous pourriez également vous rendre compte que vos sentiments profonds ne se trouvent pas nécessairement exprimés par ces sous-personnalités. Par exemple, parmi vos sous-personnalités dominantes, certaines peuvent être agressives, extraverties et drôles, alors qu'au fond de vous-mêmes vous vous sentez timide, triste et très « réservé » ou « secret ».

Si vous pensez posséder d'autres traits qui ne figurent pas sur la liste, ajoutez-les. Comment ces moi dominants agissent-ils dans votre vie ? Il est possible, par exemple, que vous constatiez que l'une de vos sous-personnalités est une « bonne mère » (ou un « bon père ») qui se montre très consciente et soucieuse des besoins d'autrui dans votre vie, mais n'est peut-être plus au courant des besoins de votre enfant intérieur.

À présent, examinez votre liste et voyez si vous êtes en mesure de trouver l'opposé de chaque trait dominant. Faites deux colonnes sur une feuille de papier, en inscrivant votre trait dominant dans la première et son contraire dans la deuxième. Si vous songez à plus d'un caractère opposé pour un même trait dominant, inscrivez- les. Si vous n'arrivez pas à trouver une expression contraire, laissez un blanc. Voici un exemple de la liste dressée par une personne :

Traits dominants	Traits contraires
Introverti	Extraverti
Intellectuel	Émotif; physique
Timide	Audacieux
Généreux	Égoïste
Méthodique	Spontané
Drôle	Sérieux
Travailleur	Paresseux; Décontracté
Créatif	?

Si vous constatez qu'il y a plusieurs termes négatifs ou critiques dans votre deuxième colonne, demandez-vous si vous pouvez reformuler ce caractère d'une façon plus positive. Par exemple, dans la liste ci-dessus, la personne a inscrit deux mots pour exprimer le contraire de « travailleur » : le premier, « paresseux », a une connotation péjorative, alors que le second, « décontracté » possède un sens positif. Si aucun synonyme positif ne vous vient à l'esprit pour les termes de la deuxième colonne, n'y pensez plus pour l'instant.

Examinez la deuxième colonne de mots afin de déterminer si certains correspondent à des sous-personnalités reniées ou peu développées. Ensuite, demandez-vous ce que cela vous apporterait de développer ces traits contraires.

Vous découvrirez peut-être qu'il existe déjà des paires de mots contraires dans votre colonne de *sous-personnalités dominantes*. Cela signifie peut-être que vous avez cultivé des aspects dominants contradictoires, qui peuvent être en désaccord à l'intérieur de vous.

La plupart des gens constatent qu'ils jouissent d'un meilleur équilibre et obtiennent de meilleurs résultats dans leur vie lorsqu'ils sont capables d'emprunter aux deux côtés de n'importe quelle paire d'opposés. Comment pouvez-vous apprendre à accepter et à équilibrer vos deux côtés ?

Une technique simple, consistant à trouver un *oxymoron* pour décrire deux aspects opposés en vous, vous aidera à commencer à accepter vos contradictions intérieures et à trouver l'équilibre. L'oxymoron est une expression décrivant une personne ou une chose qui allie des aspects en apparence contradictoires, tels que : « l'ermite extraverti », « le saint égoïste » et « l'organisateur impulsif ». Jonglez avec cette idée dans votre tête jusqu'à ce que vous trouviez une étiquette qui dépeigne ces attributs contraires et vous aide à la fois à connaître vos dons et à identifier les situations où ils s'exerceront le mieux.

Par exemple, un individu s'est décrit comme un « ermite extraverti » parce qu'il était plus productif lorsqu'il travaillait seul, mais dans un contexte qui l'associait à un groupe important d'individus. Il collaborait à la conception de nouveaux produits à titre d'ingénieur. Même si les membres de l'équipe se réunissaient une fois par semaine pour comparer leurs notes, il accomplissait cependant la majeure partie de son travail à son domicile, situé à plus d'une centaine de kilomètres du siège social de l'entreprise.

En devenant plus conscient de vos contradictions, de vos polarités intérieures, ne vous sentez pas obligé de les résoudre, de les corriger ou d'atteindre immédiatement à l'équilibre parfait et à l'intégration. L'important, c'est de devenir *conscient* de ce qui se passe en nous sans essayer de le *contrôler*, aussi difficile que cela puisse être. L'essentiel, c'est de commencer à prendre davantage conscience de vos sous-personnalités et de voir comment elles se comportent dans votre vie. Avec le temps, vous vous rapprocherez de l'équilibre et de l'intégration.

Nos relations, reflets de nos processus internes

En apprenant à tenir nos relations personnelles pour ce qu'elles sont réellement – un miroir fidèle qui nous indique l'orientation que nous devons donner à nos propres processus intérieurs –, nous pouvons apprendre bien des choses sur nous-mêmes que nous aurions eu du mal à découvrir autrement.

La façon dont nous envisageons nos rapports avec autrui constitue l'une des différences majeures entre la voie du monde matériel, la voie de la transcendance et la voie de la transformation.

Dans la voie du monde matériel, nous envisageons nos relations personnelles comme une fin en soi. Nous nouons des relations de toutes sortes afin de répondre à notre besoin d'amour, de camaraderie, de sécurité, de stimulation, de satisfaction sexuelle, de stabilité financière, et ainsi de suite. Étant donné que nos relations personnelles nous apparaissent surtout comme un moyen de répondre à nos besoins, nous avons tendance à essayer de les contrôler, de les mouler sur nos désirs. Consciemment ou non, nous tentons de manipuler les autres afin d'obtenir ce que nous voulons d'eux. Le contrôle que nous revendiquons limite ce que nous pouvons expérimenter sur le plan relationnel.

Dans la voie de la transcendance, les rapports personnels sont souvent considérés comme des obstacles qui nous empêchent de nous développer au-delà du plan physique. Parce que nos relations font ressortir tous nos sentiments, besoins et attachements humains, elles sont assimilées à des éléments perturbateurs, donc préjudiciables à notre quête spirituelle. Les gens sérieusement engagés dans la voie de la transcendance essaient de conserver le moins d'attaches possible. Comme la sexualité est une force émotionnelle et physique d'une intensité considérable, mettant en jeu notre instinct animal et nos sentiments humains, elle est souvent considérée comme l'antithèse de la spiritualité. Par conséquent, plusieurs adeptes de la voie transcendante, ou font vœu de chasteté et refrènent leur sexualité ou s'efforcent de la transmuer en une énergie « supérieure » en se pliant à une discipline sacrée qui focalise leurs expériences sur des aspects spirituels.

Dans la voie de la transformation, nous embrassons à la fois notre humanité et notre spiritualité. Nous respectons notre besoin de créer des liens avec autrui au lieu de l'éluder ou de l'ignorer; nous apprenons à prêter attention à notre façon d'exprimer ce besoin et à prendre soin de nous-mêmes, ainsi que des autres du même coup. Nous reconnaissons également que nous sommes des êtres spirituels qui ne sont pas confinés à la forme et aux émotions humaines, mais en relation avec l'unité infinie de l'univers. Au lieu de renier notre sexualité, nous l'acceptons comme l'une des principales expressions de la force vitale.

Nous devons franchir une autre étape capitale sur la voie de la transformation, qui nous permet d'envisager nos relations personnelles sous une perspective différente de celle que nous aurions eue en suivant la voie matérielle ou la voie spirituelle. En menant notre quête sur la voie de la transformation, nous devons reconnaître que toutes nos relations peuvent faire fonction de puissants miroirs et nous refléter ce que nous devons comprendre. Lorsque nous apprenons à tirer parti de ces images réfléchies, nos relations peuvent se révéler l'un des outils les plus efficaces dont nous puissions disposer pour développer notre conscience.

Notre relation principale, c'est celle que nous avons avec nous-mêmes. Chacun de nous est engagé dans une démarche qui l'amène à développer et à relier entre eux tous les aspects de son être pour atteindre la plénitude. Nos rapports avec autrui nous reflètent constamment et exactement à quel stade nous en sommes dans ce processus. Par exemple, pendant de nombreuses années, j'ai souhaité ardemment rencontrer l'homme de ma vie. J'ai été en relation avec des hommes qui étaient déjà engagés ou qui ne me convenaient pas à certains égards. Je me suis finalement rendu compte qu'ils reflétaient mon ambivalence au sujet de la fidélité amoureuse et le fait que, sous certains rapports, je ne m'aimais pas vraiment. Ce n'est qu'après avoir travaillé intensément à ma guérison émotionnelle, après avoir appris à être fidèle à moi-même et à m'aimer vraiment que j'ai rencontré un homme merveilleux, qui est aujourd'hui mon époux.

En apprenant à tenir nos relations personnelles pour ce qu'elles sont réellement – un miroir fidèle qui nous indique l'orientation que nous devons donner à nos propres processus intérieurs –, nous pouvons apprendre bien des choses sur nous-mêmes que nous aurions eu du mal à découvrir autrement. Toutes nos relations sans exception peuvent ainsi nous servir de miroir – les rapports que nous avons dans la vie avec nos amis, nos compagnons de travail, nos voisins, nos enfants et les autres membres de notre famille, ainsi qu'avec notre partenaire principal. Nous pouvons même tirer un enseignement important d'une rencontre avec un parfait étranger.

Il est très difficile de regarder en soi pour observer ce qui s'y passe – et en particulier de voir ce qui échappe à notre conscience. Voilà pourquoi il est important de considérer nos relations comme un miroir de nos processus intérieurs. Lorsque nous les utilisons de cette manière dans notre vie, les relations se révèlent une source de guérison et de sagesse des plus précieuses. Pour comprendre comment elles jouent ce rôle, nous devons nous rappeler que chacun de nous crée et façonne ses expériences au sein de la réalité extérieure par l'action de sa conscience individuelle. Cela vaut pour nos relations personnelles comme pour tout autre domaine de notre vie, ce qui signifie que les relations que nous créons et façonnons nous reflètent le contenu de notre conscience. Nous nous sentons attirés par les personnes qui correspondent à certains aspects de notre être, qui les reflètent, et celles-ci sont attirées par nous.

En général, nous constatons que nous nous entendons le mieux avec les personnes qui reflètent des aspects de nous-mêmes que nous acceptons et trouvons rassurants – nos sous-personnalités dominantes ou des énergies complémentaires que nous apprécions. Ce sont habituellement des personnes que nous recherchons consciemment ou qui nous inspirent des sentiments amicaux dans la vie de tous les jours. Si vous êtes d'abord une personne active, aimant le sport, vous vous sentirez probablement très à l'aise avec les gens sportifs tout comme vous. Vous pouvez également apprécier une relation amicale avec une personne un peu plus intellectuelle et moins active que vous physiquement parce que vous en retirez une forme de stimulation mentale que vous acceptez et appréciez – c'est-à-dire qu'elle stimule un aspect moins développé de votre être sans créer de conflit ou de malaise. Cette relation reflète cette partie de vous-mêmes qui voit la nécessité de développer votre côté intellectuel.

Les personnes qui nous ennuient, nous mettent mal à l'aise, nous portent à la critique ou même éveillent notre agressivité, nous reflètent des parties de nous-mêmes que nous rejetons – habituellement des aspects appartenant aux sous-personnalités que nous avons reniées, à notre « ombre ». Si vous êtes une personne douce et gentille, vous ressentirez peut-être une grande irritation envers un individu qui vous paraît arrogant et bruyant. Ou, si vous êtes franc et direct, vous pourrez être mal à l'aise en compagnie de personnes qui semblent réservées et très timides. Le fait est que, dans les deux cas, vous vous reflétez réciproquement des énergies que vous avez reniées. La personne discrète se voit présenter l'image du côté affirmatif qu'elle n'a pas développé, et la personne agressive, l'image de son côté circonspect insuffisamment développé.

Il nous arrive souvent de constater que nous sommes attirés par notre contraire – les gens qui ont cultivé des qualités opposées à celles auxquelles nous nous identifions le plus. Dans ce type de relation, nous recherchons inconsciemment la totalité, attirés par des gens qui extériorisent des énergies insuffisamment développées dans notre personnalité. Quelque chose en nous sait qu'ils sont en mesure de nous aider à devenir plus équilibrés.

Les gens qui expriment nos aspects contraires peuvent nous dispenser des enseignements extrêmement précieux si nous le leur permettons. Mais d'abord, nous devons reconnaître qu'ils extériorisent ce que nous souhaitons et devons cultiver en nous-mêmes. Dans les premiers moments d'une relation, il nous arrive souvent de sentir que l'autre personne nous apporte exactement ce dont nous avons besoin.

En réalité, c'est sa différence qui nous attire à ce point. Toutefois, si nous sommes incapables d'admettre que cette personne nous présente un reflet d'un trait dont nous devons reconnaître la présence en nous, la différence qui nous a attirés vers elle devient une source de conflit. Au bout de quelque temps, il est possible que nous commencions à lui en vouloir à cause de ses différences et que nous tentions peu à peu de la changer afin qu'elle nous ressemble davantage!

Bien entendu, dans toute relation, il est important d'apprendre à exprimer nos besoins, ce que nous aimons et n'aimons pas, de façon constructive et honnête. Cependant, lorsque nous dévoilons nos pensées à l'autre personne, y compris les points sur lesquels nous aimerions la voir changer, nous devons nous rappeler que nous l'avons attirée dans notre vie pour qu'elle nous apprenne et nous inspire à développer de nouveaux aspects de nous-mêmes. Nous avons donc pour défi d'accepter d'explorer les aspects de nous-mêmes qu'elle nous reflète, et de trouver le moyen d'exprimer davantage ces parties de notre être dans notre vie personnelle. Par exemple, Joanne appréciait beaucoup la liberté d'esprit, la flexibilité de son amie Tina. Néanmoins, cela commençait à l'ennuyer que Tina soit souvent en retard à ses rendez-vous. Elle éprouvait le besoin de faire savoir à Tina qu'elle n'aimait pas attendre. Mais en même temps, elle devait se rappeler que Tina faisait partie de sa vie pour l'aider à se rapprocher de sa propre spontanéité.

Le conflit entre l'ordre et la spontanéité constitue l'un des problèmes relationnels les plus communs. Il y a quelques années, cette dynamique a servi de thème dramatique à la pièce de théâtre, au film et à la série télévisée, *The Odd Couple*. Presque toutes les personnes qui vivent à deux connaissent ce genre de polarisation – l'une est ordonnée et l'autre, brouillonne. Leurs efforts pour amener l'autre personne à changer sont au centre de toutes leurs discussions.

Mais du point de vue de la transformation, c'est en réalité notre côté structuré, méthodique, linéaire qui entre en conflit avec nos aspects plus spontanés, intuitifs et créatifs. Un individu personnifie un côté alors que l'autre incarne l'aspect opposé.

Vous pouvez vivre d'interminables conflits avec cette personne jusqu'à ce que vous reconnaissiez qu'elle vous reflète votre conflit intérieur et vous indique ce que vous voulez ou ce qu'il vous faut cultiver en vous-même. Sur la voie de la transformation, vous cherchez à équilibrer ces deux extrêmes en développant ces aspects «contraires» qui sont en vous pour vous rapprocher de la plénitude. Ce qui est très intéressant, c'est que lorsque vous jouissez d'un meilleur équilibre, il arrive souvent que l'autre personne adopte une attitude plus pondérée même si elle ou il ignore tout du processus en cours! Cela s'explique par le fait que nous sommes liés sur le plan énergétique et profondément influencés les uns par les autres.

Il est très fréquent qu'une personne recherche un engagement plus profond, une plus grande intimité dans une relation majeure, alors que l'autre veut plus de liberté et d'espace. Ce conflit extérieur reflète une polarisation fondamentale qui existe en chacun de nous. Nous désirons tous connaître l'intimité, l'union et l'engagement; en même temps, nous avons peur de perdre notre liberté et notre individualité. Si vous vivez ce type de conflit dans une relation, essayez de déterminer ce qu'il peut vous révéler au sujet de votre polarisation intérieure.

Un autre type de conflit courant dans une relation d'intimité survient lorsque l'un des partenaires envisage la vie de façon plus rationnelle et se montre plutôt distant et détaché sur le plan émotionnel tandis que l'autre est très émotif.

Ainsi, si un homme cartésien est en relation avec une femme très sensible, le message qui lui est reflété est qu'il peut devenir plus équilibré en développant son côté affectif, en se rapprochant de ses émotions. Et le message reflété à la femme est qu'elle peut devenir une personne plus complète en cultivant une énergie plus impersonnelle, détachée et rationnelle, qui aura pour effet d'équilibrer sa vie. Si les deux personnes ne commencent pas à intégrer leurs énergies contraires – au lieu de tenter de se changer réciproquement –, elles finiront par se polariser encore davantage, l'homme devenant encore plus logique et la femme, plus émotive.

Ce qui est intéressant, c'est qu'à ce moment les « symptômes » de leur besoin de cultiver leur côté opposé deviennent plus aigus, plus gênants. Au comble de la frustration, ils pourront s'éloigner définitivement l'un de l'autre et des autres personnes qui reflètent leurs aspects contraires. En considérant leurs conflits personnels comme des miroirs, ils peuvent commencer à équilibrer leur vie et leurs relations. L'une ou l'autre personne peuvent entreprendre de sortir de l'impasse en prenant des mesures pour identifier leurs sous-personnalités dominantes et cultiver leur côté opposé.

J'ai travaillé récemment avec une femme dont la relation avec son époux illustrait parfaitement cette situation. Diplômé en génie informatique, il consacrait la plus grande partie de ses heures de travail à des activités très rationnelles, linéaires, mentales. Enseignante dans une école maternelle, elle travaillait toute la journée dans l'univers émotionnel des enfants. Nancy qualifiait les premières années de son union avec Ken de « merveilleuses ». Jamais elle n'avait ressenti un telle stabilité, un tel équilibre. L'attitude calme et détachée de Ken en face des difficultés lui procurait un sentiment de sécurité et une sérénité qui lui faisaient défaut lorsqu'elle vivait seule.

Avec le temps, toutefois, elle commença à sentir qu'il lui soutirait littéralement toute son énergie. Il s'enfermait avec son ordinateur aussitôt qu'elle devenait trop émotive. Elle était au bord de la crise de nerfs chaque fois qu'il essayait de « raisonner » ce qu'elle ressentait. L'abîme se creusa entre eux jusqu'à ce qu'elle ne puisse presque plus souffrir de se trouver dans la même pièce que lui. Elle l'accusait d'être absolument incapable de faire face à tout ce qui avait un caractère émotionnel; il l'accusait de manquer complètement de logique, d'être inapte à régler quelque problème que ce soit.

Nancy apprit progressivement à considérer la conduite de Ken comme un miroir qui lui reflétait des aspects qu'elle devait cultiver en elle-même. Au lieu de prendre son époux pour son ennemi – elle reconnut que cela était en train de se produire –, elle commença à le considérer comme un instructeur. À la longue, la tension s'apaisa entre les deux et les traits précis qu'ils s'étaient mis à détester chez l'autre leur servirent de guides, leur indiquèrent, non seulement comment établir une relation plus harmonieuse, mais également à jouir d'un meilleur équilibre personnel.

Il peut être difficile d'admettre ou d'accepter que les gens qui nous posent des problèmes nous reflètent en fait des aspects de nous-mêmes que nous avons reniés. Pour vérifier si c'est réellement le cas, il suffit d'interroger vos sentiments; si vous vous sentez très critique à l'égard de cette personne, il y a de fortes chances qu'elle reflète votre ombre. Il est possible qu'il y ait chez vous un fond de jalousie. Cette personne exprime peut-être une forme d'énergie que vous réprimez ou ne vous permettez pas d'exprimer.

Je crois qu'il est très important de rappeler que cet effet de miroir que je vous ai décrit n'a rien de commun avec le fait d'adopter l'autre personne pour modèle. Un modèle est une personne que nous admirons et souhaitons imiter. Mais en considérant l'autre comme un miroir, notre but est la découverte de soi et la croissance. Nous n'essayons pas de ressembler à une autre personne. Nous avons pour objectif de devenir ce que nous sommes vraiment. Le fait est que la personne qui reflète nos besoins peut être moins équilibrée que nous. Il n'est pas nécessaire que ces personnes éveillent notre admiration comme celles que nous prenons pour modèles. Nous n'avons pas besoin de leur ressembler ou de pousser les choses à l'extrême pour découvrir un juste milieu. Néanmoins, il est possible que nous devions nous autoriser à cultiver quelque peu cette énergie qui nous est reflétée.

Par exemple, si vous êtes calme et réservé, et peut-être exagérément modeste et effacé, il est possible que vous vous sentiez porté à juger mal les gens qui semblent toujours être le point de mire. Il est possible que ces gens vous reflètent cette partie de vous-mêmes qui aimerait recevoir plus d'attention, mais qui tremble à cette idée. Il n'est pas nécessaire d'imiter cette personne, car elle peut fort bien manquer d'équilibre du point de vue contraire. Acceptez plutôt que celle-ci agisse comme un catalyseur de votre processus de croissance. Essayez de percevoir l'*essence* de la qualité que cette personne vous reflète – c'est-à-dire le désir de recevoir de l'amour et de l'attention – et commencez à réfléchir à la façon dont vous pouvez cultiver et exprimer cette partie de vous-mêmes *d'une manière tout à fait personnelle.*

Nous fuyons les choses que nous craignons, convaincus qu'il y aura des conséquences néfastes si nous les affrontons. Mais c'est le fait de fuir ce que nous devons apprendre ou découvrir qui entraîne des conséquences fâcheuses dans notre vie. Nous devons apprendre plutôt à apprivoiser et à accepter ce que nous redoutons, qu'il s'agisse d'explorer nos émotions ou d'apprendre à équilibrer notre budget! Accepter équivaut simplement à être disposé à regarder, à affronter et à comprendre un fait au lieu de le repousser.

L'acceptation ne signifie pas que nous devons inclure dans notre vie des aspects qui sont mauvais pour nous. Bien sûr, nous n'irions pas commettre un crime parce que nous croyons avoir quelque chose à gagner en apprenant à faire face à la peur que nous inspire un pareil comportement. Nous n'accédons pas à la plénitude sans prendre conscience de la nécessité de poser certaines limites et de faire la différence entre ce qui est bon et ce qui est nocif pour nous.

Être disposé à tirer des enseignements de nos relations personnelles n'implique pas de demeurer dans des situations qui sont malsaines pour nous. Si nous sommes maltraités physiquement ou émotionnellement dans une relation, ce que nous devons en apprendre, c'est à fixer certaines limites et à nous protéger. Cela pourrait vouloir dire s'adresser à un service d'assistance conjugale pour chercher des solutions véritables et durables, ou rompre la relation si c'est la seule façon efficace de prendre soin de nous-mêmes.

Les gens ne peuvent nous critiquer ou nous infliger de mauvais traitements que dans la mesure où nous permettons ou acceptons que cela se produise. Il faut d'abord que nous prenions des mesures extérieures pour prendre soin de nous-mêmes. Ensuite, nous devons regarder en nous pour guérir l'habitude que nous avons de nous critiquer ou de nous maltraiter; la connaissance que nous acquérons ainsi nous permet d'apprendre plutôt à nous aimer et à nous appuyer.

Une femme de ma connaissance avait été maltraitée physiquement et émotionnellement par son père dans son enfance. Elle cultiva en elle l'énergie du «père violent» qui lui répétait sans arrêt qu'elle était une bonne à rien. Elle épousa un homme qui reflétait ce schéma intérieur d'abaissement de soi, la critiquait continuellement, la diminuait et la battait à l'occasion. Elle endura cette situation pendant des années puisque cela lui paraissait normal; elle croyait mériter ces mauvais traitements. Dès qu'elle entreprit une thérapie, elle fut en mesure de reconnaître que son mari lui reflétait l'opinion qu'elle se faisait d'elle-même. Elle développa graduellement la capacité de se défendre et mit finalement un terme à la relation. Après avoir fait une démarche de guérison émotionnelle en profondeur, elle finit par se remarier, cette fois à un homme bon, qui lui était d'un grand soutien, et qui reflétait l'attitude qu'elle avait adoptée à l'égard d'elle-même.

La plupart d'entre nous avons vécu des relations qui se sont révélées si douloureuses que nous avons de la difficulté à croire que nous pourrions arriver à un stade de notre vie où toutes nos relations personnelles seraient essentiellement satisfaisantes et positives. Néanmoins, si nous acceptons de faire un travail de guérison émotionnelle en profondeur, nos relations pourront refléter tous les progrès que nous accomplissons dans notre relation avec nous-mêmes. À mesure que nous progressons dans notre unification intérieure, nos relations deviennent un incroyable miroir de notre vitalité, de notre amour de nous-mêmes et de notre aptitude à nous exprimer.

C'est un art complexe et fascinant que d'utiliser nos relations personnelles comme des reflets de notre démarche sur le plan de la conscience. Dans le présent chapitre, je me suis contentée d'aborder quelques-unes des idées essentielles. En fait, je compte en faire le thème de mon prochain livre. En attendant, je vous recommande chaudement le livre de Hal et Sidra Stone, *Embracing Each Other: Relationship as Teacher, Healer and Guide*[11], ainsi que leurs cassettes, *The Dance of Selves in Relationship* et *Understanding Your Relationships*. L'ouvrage du Dr Harville Hendrix, *Getting the Love You Want*, me paraît également fort intéressant et utile. Ces ouvrages et ces enregistrements figurent dans la bibliographie.

EXERCICE
Utilisez le miroir de vos relations personnelles

Les difficultés que nous éprouvons dans nos relations personnelles reflètent souvent des aspects de nous-mêmes qui ont besoin d'être guéris. De telles difficultés peuvent mettre en cause un membre de notre famille, un ami intime, un collègue de travail ou même des personnes que nous rencontrons brièvement – un commis d'un grand magasin, par exemple.

Si vous connaissez des difficultés dans l'une de vos relations actuelles ou si vous rencontrez souvent un type de personnes difficiles à vivre – par exemple, une personne autoritaire, ou envahissante –, arrêtez-vous un moment pour regarder de près ce qu'elles réfléchissent.

Commencez par vous détendre et peut-être même méditer quelques minutes. Ensuite, pensez à une relation qui vous pose des difficultés.

Pendant les minutes qui suivront, faites comme s'il s'agissait d'une personne imaginaire, ou qui vous serait apparue dans un rêve. Dans la vie réelle, il est possible que celle-ci éveille en vous la douleur, la colère ou la condamnation. Mais en accomplissant cet exercice, rappelez-vous que vous avez le contrôle de la situation, car pour l'instant, cette personne n'existe que dans votre esprit.

En évoquant cette personne, demandez-lui de vous révéler exactement l'aspect de vous-mêmes qu'elle reflète. Vous pouvez lui dire, « Je sais que tu fais partie de ma vie pour m'aider à prendre conscience de quelque chose en moi. Puisque j'ignore encore exactement en quoi consiste cette leçon, je te prie de me la répéter une fois de plus d'une façon qui me soit plus compréhensible. »

Laissez ensuite cette personne prendre les traits du maître le plus aimant, le plus parfait que vous ayez jamais connu. Amorcez un dialogue intérieur avec elle, imaginant qu'elle s'exprime avec facilité, qu'elle est serviable, amicale, honnête, coopérative. Voici quelques exemples de ce que vous pouvez dire, demander ou discuter:

« Lorsque je regarde ce que tu me reflètes, je me sens _____ . » (Soyez à l'écoute de vos émotions, que ce soit la colère, la peur, l'impression d'être dépassé, la confusion, etc.)

« Quelle *sous-personnalité* de moi-même me reflètes-tu ? »

« Les difficultés que j'éprouve avec ce qui m'est reflété ont-elles un rapport avec certaines expériences traumatiques ou mauvais traitements que j'ai subis dans le passé ? Si oui, de quelles expériences s'agit-il ? »

N'oubliez pas que les leçons que nous devons tirer des autres sont essentiellement positives. En d'autres termes, elles nous indiquent comment mieux nous accepter et nous aimer, ou nous apprennent à extérioriser davantage ce que nous sommes. Donc, si cette démarche éveille en vous des sentiments négatifs ou une disposition à la critique, votre « censeur intérieur » est probablement en train de se mettre de la partie. Reprenez l'exercice et demandez à comprendre comment cette situation peut se révéler bénéfique pour vous.

En terminant, n'oubliez pas que vos relations les plus agréables, celles qui vous comblent le plus, sont également de précieux miroirs qui vous reflètent vos plus grandes qualités. Par conséquent, songez à une relation que vous avez avec un ami très cher, en qui vous avez toute confiance, et demandez quels dons vous sont reflétés par ce dernier.

Le monde est notre miroir

Si nous avons le courage de considérer les forces sociales et politiques qui s'exercent dans le monde comme un reflet des forces à l'œuvre en chacun de nous, nous pouvons nous charger plus efficacement non seulement de notre rétablissement personnel, mais aussi de celui de notre planète.

Sur la voie de la transformation, nous nous intéressons non seulement à notre propre processus de guérison et d'intégration, mais aussi au processus de guérison en cours dans le monde. Nous reconnaissons l'interdépendance entre notre quête individuelle de conscience et l'évolution de l'humanité sur le plan de la conscience.

De même que les déséquilibres au sein de notre psyché se reflètent dans nos relations personnelles et dans les événements quotidiens de notre vie, les distorsions au sein de la conscience collective sont reflétées dans nos villes, notre pays, nos rapports avec les autres nations et avec la Terre. Comme nous participons tous à la conscience collective, que nous l'influençons et sommes influencés par elle, le monde lui-même devient un miroir qui nous aide à améliorer notre perception et notre compréhension de nous-mêmes. Si nous avons le courage de considérer les forces sociales et politiques qui s'exercent dans le monde comme un reflet des forces à l'œuvre en chacun de nous, nous pouvons nous charger plus efficacement non seulement de notre rétablissement personnel, mais aussi de celui de notre planète.

J'aimerais vous rappeler une fois de plus qu'accepter la responsabilité du rôle que nous jouons au sein de la création n'équivaut pas à se blâmer ou à blâmer autrui. Évidemment, aucun d'entre nous n'est à blâmer individuellement pour les problèmes qui existent dans le monde, non plus que pour les circonstances ou les difficultés de sa vie personnelle. Il est plus juste d'affirmer, qu'en qualité d'êtres spirituels, chacun de nous a choisi de jouer un rôle important dans l'extraordinaire processus d'évolution qui est en cours sur cette planète. Nous le faisons pour notre formation et notre évolution personnelles, et nous avons chacun des dons particuliers dont le monde a grand besoin.

Ainsi que nous l'avons expliqué dans les chapitres précédents, il existe en nous plusieurs aspects différents, des énergies que nous sommes tous en train d'équilibrer et d'intégrer dans notre corps, notre personnalité et notre vie. Comme nous l'avons vu, nos luttes intérieures sont souvent reflétées dans les conflits que nous vivons dans notre milieu. Lorsque ces conflits nous sont reflétés dans les rapports difficiles que nous avons avec autrui ou les difficultés que nous éprouvons à accomplir certains objectifs personnels, nous nous donnons de ce fait la possibilité de prendre davantage conscience de ces conflits et de les guérir. Les gens avec

lesquels nous sommes en conflit nous reflètent habituellement des aspects de nous-mêmes qui nous troublent ou
nous plongent dans l'indécision.

Par exemple, l'un de mes patients, qui se prénomme
Ray, a eu dans son passé une série d'expériences négatives
avec l'autorité, par exemple, les autorités policières et judi-
ciaires. Grâce au travail intérieur que nous avons accompli
ensemble, il se rendit compte qu'il avait rejeté et renié son
côté autoritaire, méthodique, à cause de la relation négative et conflictuelle qu'il avait eue avec son père, qui lui,
s'identifiait fortement à ces énergies. Ray continua d'attirer
des gens et des situations qui le forçaient à affronter ces
aspects de lui-même qu'il fuyait ou dont il tentait de se
débarrasser – son ombre tyrannique. Il est intéressant de
souligner que le père de Ray avait également créé en son
fils un miroir fidèle lui reflétant son image. Ray était littéralement le reflet de l'ombre de son père, c'est-à-dire des
énergies de rébellion contre toute règle et toute structure
présentes chez cet homme mûr! Une fois que Ray fut en
mesure de reconnaître l'utilité d'une certaine dose de « loi
et d'autorité » dans la vie et parvint à embrasser les aspects
plus structurés, plus autoritaires de sa nature, il commença à
se montrer plus indulgent à l'égard de son père et réussit à
établir une meilleure communication et une relation plus
intime avec lui avant qu'il ne meure.

De même que les drames dont sont ponctuées nos relations personnelles trouvent leur origine dans notre psyché
individuelle, les événements sur la scène sociale et politique de notre monde ont leur source dans les rouages spirituels et psychologiques de la conscience collective, à
laquelle nous avons tous part. Les conflits régionaux, natio-
naux et internationaux sont une projection collective de
conflits qui existent à l'intérieur des individus au sein des
sociétés concernées. Ces conflits intérieurs sont projetés sur
d'autres gens, d'autres races, d'autres cultures et d'autres

religions, puis extériorisés sous la forme de disputes, de guerres, de révolutions, de soulèvements et d'autres tentatives pour affaiblir ou annihiler toute personne ou toute chose reflétant les énergies reniées.

De même que nous avons chacun une ombre personnelle, les groupes ont une ombre collective constituée des aspects et des énergies qu'ils ont reniés ou refoulés collectivement. Nous pouvons reconnaître l'action de l'ombre collective chaque fois qu'un groupe ou une nation projettent les énergies qu'ils ont reniées sur une autre race, ethnie, ou nation qu'ils transforment en une ennemie redoutée et redoutable. Si vous n'avez pas d'ennemi, vous n'avez personne sur qui projeter votre ombre et êtes donc forcé d'être face à vous-mêmes. Il peut être douloureux et difficile de se regarder en face. Il semble toujours plus facile de créer un conflit racial ou une guerre – du moins, les événements mondiaux laissent croire que c'est la formule que la plupart d'entre nous ont tendance à adopter automatiquement.

Si nous considérons les parties adverses dans les conflits sociaux ou politiques, nous arrivons souvent à discerner l'aspect que chaque groupe tente de renier en lui-même. Nous voyons comment ces aspects refoulés sont reflétés par les autres parties en cause. Par exemple, dans une société patriarcale traditionnelle, le principe masculin de la raison et de l'ordre est célébré, tandis que le principe féminin de l'intuition, de l'émotion est réprimé. Cela se traduit par le fait que les hommes jouent un rôle plus dominant, paraissent tout au moins détenir le pouvoir, alors que les femmes tiennent une place plus secondaire, sont opprimées ou exclues du pouvoir. Cela reflète extérieurement une situation qui existe à l'intérieur de chaque personne, soit que le côté masculin chez les hommes contrôle et supprime le côté féminin en eux, souvent parce qu'il représente un « mystère » dont ils ont peur et se méfient.

Pendant ce temps, on retrouve chez les femmes une énergie intériorisée, masculine, patriarcale, qui les spolie de leur pouvoir féminin et les dévalue parce qu'elles sont femmes. La majorité des membres d'une société fortement patriarcale, aussi bien les hommes que les femmes, appuient consciemment ou inconsciemment ce processus.

Depuis que nous – hommes et femmes – avons commencé à équilibrer nos énergies féminine et masculine, à les intégrer à l'intérieur de nous, les rôles féminin et masculin ont évolué en conséquence. À mesure que les rôles extérieurs s'équilibrent, cela favorise l'équilibre personnel des individus. Les processus interne et externe se reflètent et se supportent réciproquement. Toutefois, alors que nous délaissons l'ancienne mentalité patriarcale et que les femmes commencent à revendiquer leur pouvoir propre, plusieurs femmes ont tout d'abord tendance à reprocher aux hommes de les avoir opprimées et à projeter sur eux l'énergie patriarcale, dominatrice, qu'elles avaient supprimée ou reniée en elles-mêmes. Et de nombreux hommes font face aux craintes qu'ils éprouvent devant leur énergie féminine en essayant de contrôler les femmes et de les maintenir dans des rôles subalternes. Malgré tout, à mesure que le processus prend de l'expansion, un nombre croissant de membres des deux sexes développent la capacité d'assumer leur rôle propre au sein de ce processus.

Il y a quelques années, Sam Keen a publié un ouvrage très intéressant, qu'il a intitulé *Faces of the Ennemy*. Il s'agit d'une collection de posters de guerre et de caricatures politiques où les *visages de l'ennemi* sont représentés sous des traits distordus, hautement stylisés. Keen montra comment, lors d'une guerre ou d'une révolution, l'ennemi apparaît comme un stéréotype assez uniforme, qui a très peu à voir avec les caractéristiques réelles de la société en cause. Les posters et les caricatures dépeignaient toute une société comme un ensemble homogène. L'impression générale était que la race ou la culture au grand complet était moins qu'humaine et capable de la pire barbarie[12].

Cela ne signifie pas que les traits que nous n'apprécions pas en nous-mêmes n'existent pas effectivement chez les personnes qui extériorisent ces aspects dans le monde extérieur. Ils existent bien souvent. Ainsi Adolphe Hitler fut-il coupable des pires atrocités. Cependant, le fait est que tant que nous n'apprendrons pas à accepter la responsabilité de notre ombre, nous continuerons de projeter ces aspects de nous-mêmes que nous avons reniés à l'extérieur – un processus qui, en fait, confère du pouvoir aux gens et aux forces qui reflètent ces aspects.

Il arrive parfois qu'un conflit intérieur aux proportions humaines soit représenté sur la scène mondiale de façon particulièrement intense, dramatique et souvent tragique. Tout en admettant que de tels événements puissent se révéler excessivement douloureux, destructeurs et horrifiants, ils peuvent aussi être dotés d'une puissance transformatrice, ayant été créés à un certain niveau par la conscience collective pour nous secouer. Dans l'histoire récente, l'Holocauste nous offre l'exemple le plus terrible de ce phénomène – si horrible que l'on hésite même à le considérer sous cet angle. Hitler et les Nazis ont incarné l'extrémité inimaginable de la propension humaine à rejeter le blâme, la faute sur autrui et à le prendre pour victime. En permettant que cela se produise, le peuple allemand – tout comme ceux d'entre nous qui, de ce côté de l'océan, ont même hésité à dénoncer les actes d'Hitler – a exprimé cette tendance que nous avons tous de nier les réalités désagréables au lieu de courir le risque d'un affrontement en disant ce que nous pensons ou en agissant en accord avec notre vérité intérieure. Et ceux qui ont été persécutés nous ont révélé le degré ultime d'horreur qui peut être atteint lorsqu'il y a identification avec l'aspect « victime » au sein de notre psyché.

Bien sûr, il y aurait beaucoup à ajouter sur ce sujet et l'espace dont nous disposons ici ne permet pas un tel développement. Mais il importe également de commencer à envisager tous les carnages humains de ce genre comme un phénomène provenant de certains aspects de la conscience collective qui ont besoin d'être guéris. Tous les événements de ce genre nous glacent d'horreur et n'ont aucun sens du point de vue humain. Toutefois, si nous adoptons une perspective plus large, nous pouvons peut-être les envisager comme un moyen employé par la conscience collective pour mettre en scène des forces inconscientes afin que nous puissions les reconnaître, les accepter et les guérir. Ces expériences ont un effet si intense que la conscience collective se voit forcée de faire un grand pas en avant dans son évolution. Bien sûr, il faut du temps pour que ces leçons pénètrent la conscience de toutes les cultures et tous les individus ; ce qui explique que nous assistions encore à une foule de conflits terribles, dont plusieurs ne sont que trop semblables à l'Holocauste, comme la soi-disant « purification ethnique » en ex-Yougoslavie.

Un exemple intéressant de l'extériorisation de polarités intérieures sur la scène mondiale nous a été offert il y a quelques années lors de l'affrontement entre les États-Unis, dirigés par George Bush, et l'Irak, par Saddam Hussein. Les États-Unis ont été identifiés, du moins dans l'esprit de la majorité des Américains et de nos alliés, au camp des « bons » – ceux qui mettent leur formidable puissance au service du bien, de la justice et de la paix dans le monde. George Bush, qui s'identifiait étroitement à cette image, représentait l'hégémonie de « la force au service du droit ».

L'ombre des États-Unis, telle que reflétée par Saddam Hussein, a sa source dans les multiples forces politiques et économiques et les individus qui ne sont *aucunement* motivés par la bonté, la justice et la vérité, mais plutôt par la cupidité et la soif de pouvoir. Saddam Hussein est la personnification parfaite de cette ombre qui est la nôtre. Il a représenté avec une parfaite insensibilité l'agression pure, intéressée, et l'idée que «la force prime le droit». Étant donné les énergies en présence, peut-être devions-nous entrer en guerre contre lui. Mais en agissant de la sorte, avons-nous laissé passer l'occasion de reconnaître et d'accepter l'image que nous renvoyait notre ombre?

Les conflits raciaux sont l'un des exemples les plus flagrants de l'attitude qui consiste à projeter nos énergies reniées sur un autre groupe de personnes pour ensuite tenter de supprimer ces énergies en opprimant les gens qui les personnifient à nos yeux. Il est intéressant de noter qu'à travers le monde, les gens dont la coloration de la peau est plus claire tendent à opprimer ceux à la peau plus foncée – c'est-à-dire ceux qui incarnent littéralement leur côté «sombre». Au cours des siècles, les gens à la peau foncée ont apparemment accepté, à un niveau quelconque, l'idée qu'ils étaient inférieurs, pour une raison ou une autre; par conséquent, leurs oppresseurs à la peau claire ont fini par représenter, à un niveau inconscient, la preuve du modèle d'oppression qu'ils avaient intériorisé. Lorsqu'ils commencent à se rebeller et à combattre le régime en place, à revendiquer leur dignité et leur pouvoir personnels, ils affrontent simultanément (consciemment ou inconsciemment) ce malaise intérieur qui les fait douter d'eux-mêmes et se détester. À mon avis, le slogan «Black is beautiful», inspiré des victoires de la campagne pour les droits civils menée au cours des années soixante et soixante-dix, reflétait cette dynamique et traduisait à sa manière une guérison intérieure chez les opprimés.

Ainsi que je l'ai mentionné précédemment dans ce livre (voir page 53), Deena Metzger donne une fascinante description de la façon dont elle a découvert le «processus politique» en cours à l'intérieur de sa psyché. Elle est l'auteure d'un excellent article, «Personal Disarmament: Negotiation with the Inner Government[13]», dont nous reproduisons ici un extrait :

> *C'est un petit pays ségrégationniste que l'on appelle le Zèbre, où la minorité Soleil a relégué la majorité Ombre dans des réserves loin des villes et des centres de décision. Les Soleils emploient quelques Ombres ou les exposent dans de magnifiques parcs nationaux, pour le plaisir des étrangers. Ils vivent dans un régime théocratique, dirigé par un dictateur qui a l'appui des prêtres et de l'oligarchie.*
>
> *Le dictateur, ainsi que la majorité des Soleils, ignore tout de la culture, des mœurs, des valeurs ou des inclinations spirituelles des Ombres ; néanmoins, toutes les décisions gouvernementales sont motivées par la peur et la volonté de les contrôler. L'idée que la mentalité du pays changera si les Ombres viennent à prendre de l'importance ou à se rapprocher du pouvoir est reçue pour vraie. La minorité ne craint pas pour sa vie, mais pour son mode de vie. Un changement à ce niveau serait pire que la mort.*
>
> *Un jour, il se produit une panne de courant importante. Les lignes électriques ont été sectionnées. Jusqu'à ce jour, l'énergie a été l'une des principales exportations de ce pays. L'ensemble du pays est paralysé. Les Ombres ne nient pas avoir sectionné les lignes, mais affirment que l'énergie leur a toujours appartenu...*

Deena poursuit son explication :

> *Ce scénario pourrait dépeindre des situations qui existent dans de nombreux pays. En réalité, il s'agit d'un portrait de mon univers intérieur, d'une description politique de l'état-nation de ma psyché. J'en suis venue à comprendre qu'un individu est aussi un pays, qu'il renferme plusieurs moi qui ont un gouvernement tout comme les nations, et que les problèmes et les questions d'importance auxquels les nations font face se posent également aux individus. J'ai été inconsciente du modèle de gouvernement et du statut des êtres qui habitaient mon propre territoire, la plus grande partie de ma vie...*

Donc, bien malgré moi, lentement et laborieusement, je me suis mise à démanteler la minorité au pouvoir convaincue de sa suprématie. Je l'ai fait même si les Soleils soutenaient que c'était mettre un terme au progrès et au développement, que cela menait au désastre... J'ai compris avec le temps que le système de gouvernement au pouvoir à l'intérieur de moi ressemblait à tous les systèmes gouvernementaux du monde... C'était navrant de constater que tout le travail que j'avais accompli dans le monde était miné par l'infiltration continuelle de valeurs antagonistes émanant de mon être intérieur. Je ne pouvais agir en démocrate dans le monde et promouvoir la démocratie alors que j'étais un tyran à l'intérieur de moi-même... Je ne pouvais espérer changer le monde extérieur tant que je n'avais pas changé mon univers intérieur...

Lorsque j'ai prononcé une conférence sur le désarmement personnel à la tente de la Paix des organisations non gouvernementales lors de la Conférence sur les femmes organisée par les Nations Unies, à Nairobi, en juillet 1985, j'ai demandé à l'assistance composée de femmes africaines, américaines et européennes « qui » régnait sur leur nation intérieure.

La majorité avouèrent tristement qu'elles étaient dirigées par des tyrans. Elles reconnurent que rien ne pourrait changer dans le monde extérieur tant qu'elles n'auraient pas modifié leur situation intérieure... Certes, nous ne pensions pas qu'il fallait cesser de travailler sur la scène publique, mais étions conscientes qu'il y avait une autre tâche urgente à accomplir simultanément sur le plan intérieur.

L'action sociale, politique, légale, ou toute autre forme d'engagement extérieur, peut permettre de faire de grands progrès dans la recherche de solutions aux problèmes tels que le racisme, le sexisme, le sectarisme religieux, la pauvreté, la violence et à tous les autres maux qui tourmentent l'humanité. Toutefois, je crois qu'aucun de ces problèmes ne peut trouver de solution générale, durable, au niveau le plus profond de notre être, tant que nous ne serons pas en mesure, en tant qu'individus, de regarder en face, de reconnaître et de guérir ces maux à leur source – au sein de notre propre psyché. C'est là que prennent racine racisme, sexisme, homophobie, préjugés, blâme, cupidité, médiocrité et avidité personnels. Si nous voulons vraiment arrêter de tyranniser les autres ou d'être leur victime, nous devons apprendre à affronter et à harmoniser les forces intérieures qui nous poussent à nous tyranniser ou à nous prendre pour victime. Nous devons apprendre à aimer, respecter et honorer tous les aspects de notre être. En s'appuyant sur l'amour et le respect de nous-mêmes et en intégrant tous les aspects de notre être, nous pouvons enfin, en toute honnêteté, accorder notre respect et notre pardon à nos semblables et avoir de la compassion pour eux. C'est la clé qui permet de transformer la qualité de la vie sur notre planète.

Bien entendu, parmi les images qui nous sont reflétées, l'une des plus inquiétantes, dont nous devons tous prendre conscience et nous occuper, est la façon dont nous, êtres humains, exploitons et polluons la Terre où nous vivons. À mon avis, cette situation semble refléter la perte de contact avec notre essence spirituelle et donc l'oubli du lien qui nous unit à tout ce qui existe. Notre insensibilité à l'égard du monde naturel qui nous entoure et les mauvais traitements que nous lui infligeons sont le signe que nous renions notre nature intérieure. Notre étonnante indifférence quand aux effets à long terme de nos actions reflète à quel point nous avons perdu contact avec les rythmes et les cycles de la vie.

Nous ressentons davantage les énergies du monde environnant lorsque nous travaillons à notre guérison intérieure et revendiquons nos énergies et nos émotions naturelles. En saluant notre être spirituel et en renouant avec lui, nous reconnaissons la présence de l'esprit en chaque personne et en chaque chose. Nous apprenons à vivre en harmonie avec cet esprit, en harmonie et en équilibre avec la Terre.

EXERCICE

Interprétez les images dans votre miroir

Songez à un problème ou à une question d'intérêt local qui vous importe particulièrement. Demandez-vous si, d'une façon ou d'une autre, il ne pourrait pas être lié à un problème ou à un processus qui existe à l'intérieur de vous ou en être le reflet. Imaginez que tous les acteurs de ce drame représentent des aspects de vous-même. Que devrait-il se produire pour que la question soit résolue ou réglée? Voici quelques exemples:

Un homme s'inquiétait du surpeuplement des prisons, des conditions de vie inhumaines des prisonniers et du fait que ces derniers soient mis sous les verrous et punis au lieu d'être réhabilités. Il chercha à savoir quelle partie de lui-même se sentait emprisonnée, quelles parties étaient les geôliers et quelle autre représentait la société qui avait prononcé la condamnation. Puis il se demanda comment il pourrait s'y prendre pour réhabiliter son « prisonnier intérieur ».

Une femme se préoccupait particulièrement de la pauvreté et de la situation des sans-abri. Elle se demanda s'il y avait une partie d'elle-même qui avait l'impression d'être démunie et sans foyer. Et ensuite, elle s'interrogea sur la façon dont elle pourrait apporter à cette partie d'elle-même ce dont elle avait besoin.

Un autre homme s'indignait du fait que les nations industrialisées utilisent la plus grande partie des ressources mondiales alors que les nations sous-développées vivent dans la pauvreté. Il chercha à identifier les aspects particulièrement développés chez lui qui utilisaient la majeure partie des ressources dont il disposait pendant que les autres parties dépérissaient. Et il s'interrogea ensuite sur la façon de les équilibrer.

Une femme se rendit compte que le fait que les criminels demeurent souvent impunis pendant que leurs victimes souffrent la mettait en colère. Elle voulut savoir qui, à l'intérieur d'elle-même, « s'en tirait à bon compte » pendant qu'une autre partie avait l'impression d'être une victime. Ce qui l'amena à se demander ce qu'elle devrait faire pour mettre un terme à cette situation et se libérer du rôle de victime.

Nous nous sentons pour la plupart concernés par la majorité de ces problèmes. Toutefois, tout ce qui nous fait réagir le plus *intensément* dans le monde extérieur est étroitement lié à nos problèmes personnels.

En accomplissant cet exercice, n'oubliez pas que le fait de découvrir qu'il existe une corrélation ou une synchronicité entre nos problèmes personnels et ceux du monde ne signifie *pas* que nous sommes à blâmer pour ces derniers. Malgré tout, en guérissant nos conflits personnels, nous contribuons réellement à guérir les problèmes du monde.

Si vous ne découvrez aucun lien entre vos problèmes et ceux du monde ou si cet exercice vous rend perplexe, n'y attachez plus d'importance. Soyez simplement ouvert à la possibilité d'en avoir une compréhension plus claire dans le futur.

CONSCIENCE ET
SPIRITUALITÉ

*L'amour inconditionnel surgit naturellement
lorsque nous sommes capables d'accepter tous
nos sentiments et d'aimer tous les aspects de
nous-mêmes, y compris les parties dont l'amour
est conditionnel.*

Il m'a été extrêmement utile de faire la différence entre la conscience et la spiritualité. La spiritualité est une forme d'énergie – l'énergie qui nous lie à notre nature fondamentale et à la source universelle. La conscience est la perception de toutes les énergies qui existent en nous. Par conséquent, il est possible de suivre une voie spirituelle sans nécessairement être engagé dans une démarche de conscience. C'est-à-dire, nous pouvons travailler à notre développement spirituel sans inclure nécessairement les autres aspects. Nous pouvons nous épanouir sur le plan spirituel et nous identifier complètement à notre «moi spirituel». Dans ce cas, il nous arrive presque toujours de nier plusieurs autres énergies, en particulier les énergies physiques ou émotionnelles. C'est ce qui explique que tant de personnes ayant atteint un haut degré d'harmonisation spirituelle puissent avoir une vie physique et émotionnelle déséquilibrées.

D'autre part, la conscience implique le développement ainsi que l'intégration de tous les aspects de notre être; elle n'est pas limitée à la dimension spirituelle, même si elle l'inclut. La voie de la transcendance consiste en une démarche spirituelle, alors que la voie de la transformation en est une de conscience. Si la prise de contact avec notre nature spirituelle et son développement prennent une grande part de notre quête de conscience, celle-ci est néanmoins constituée de plusieurs autres étapes importantes. La voie de la transformation exige un engagement inébranlable à chacune des étapes de la croissance.

Ce qui me préoccupe en partie dans le mouvement nouvel âge, c'est qu'il se concentre sur la transcendance plutôt que sur la transformation. Plusieurs espèrent s'élever au-dessus de leurs problèmes et ne pas être mis au défi d'intégrer leurs natures spirituelle et humaine. Ils se sentent confiants et à l'aise d'explorer les domaines spirituel et mental, mais souhaitent éviter le travail de guérison émotionnelle, plus difficile ou douloureux. Bien sûr, il est tout à fait légitime d'opter pour une voie transcendante, mais l'individu ou le monde n'y trouvera pas la plénitude ou une guérison en profondeur. Et ironiquement, il est impossible d'accéder à la paix de l'esprit que tant de gens recherchent sur la voie de la transcendance en se concentrant uniquement sur cette réalité.

Heureusement, depuis les années soixante, le mouvement du potentiel humain a intégré une variété de thérapies, d'approches corporelles et de pratiques spirituelles. Par exemple, dans les centres de développement du potentiel humain tels que l'Institut Esalen, en Californie, et le

Open Center de New York, il n'est pas rare de retrouver des cours sur le travail corporel, la méditation, le yoga, l'intuition, la gestuelle, des groupes de guérison et diverses techniques de psychothérapie. Le mouvement *recovery*, dont les Alcooliques anonymes sont le fer de lance, a actuellement un impact majeur sur la conscience du monde, grâce à l'application du programme en douze étapes visant à obtenir un rétablissement durable d'une série de problèmes, qui vont des carences affectives vécues dans l'enfance à la toxicomanie.

Qu'est-ce qui empêche les gens de s'engager dans la voie de la transformation? Plusieurs ne le font pas, simplement par ignorance. Il ne savent pas qu'il existe une telle voie ou ignorent comment s'y prendre pour la découvrir. Il est à espérer que ce livre pourra en quelque sorte dresser le plan de ce voyage.

Mais le manque d'information n'est pas le seul écueil sur la voie de la conscience. La peur en est un autre. Nous avons tous peur de l'inconnu, bien sûr, et cette aventure particulière est assurément imprévisible à bien des égards. C'est pourquoi il est si important de cultiver une relation personnelle avec notre guide intérieur. À moins de sentir qu'une force supérieure agit avec nous, il est tout simplement trop angoissant de quitter notre environnement familier.

Plusieurs personnes redoutent d'entreprendre un travail de guérison émotionnelle. La psychothérapie donne lieu à tant de malentendus et de stéréotypes. Malheureusement, il y a aussi des thérapeutes et des guérisseurs incompétents ou tout simplement dangereux, qui font vivre des expériences négatives, décevantes ou carrément traumatisantes à de nombreuses personnes. C'est pourquoi il est extrêmement important de choisir vos personnes-ressources avec discernement.

J'ai constaté que la plupart des gens craignent que s'ils commencent à explorer en profondeur leurs émotions, ils resteront emprisonnés à ce niveau et seront incapables de remonter à la surface. Lorsque l'on a renié et refoulé ses émotions, celles-ci donnent l'impression d'être très puissantes et intenses, et il est facile de croire qu'elles ont le pouvoir de nous engloutir à jamais si nous leur en donnons l'occasion.

Néanmoins, la réalité est très différente. Si nous menons notre démarche de guérison à notre rythme, avec un soutien adéquat et sans exiger trop de nous-mêmes, celle-ci ne sera pas aussi difficile que nous pouvons le craindre. Chacun de nous est doté d'un mécanisme interne qui règle l'allure de notre cheminement. Dès que nous nous permettons de ressentir librement nos émotions, nous découvrons qu'au lieu de nous emporter, la vague de l'émotion se calme graduellement et nous laisse un sentiment profond de paix.

En me fondant sur le processus de ma guérison personnelle et sur celui de milliers d'autres personnes que j'ai accompagnées et guidées au cours des quinze dernières années, je peux affirmer sans réserve que la guérison émotionnelle des niveaux profonds de l'être est à la portée de toute personne disposée à s'engager dans cette démarche et à la poursuivre jusqu'au bout.

Il est souvent question de l'amour inconditionnel dans les milieux nouvel âge. Plusieurs thérapeutes exhortent leurs patients à pratiquer le pardon, à ne pas porter de jugement et à aimer sans conditions, et plusieurs chercheurs sincères s'efforcent sérieusement de suivre ces enseignements. J'ai de la difficulté à accepter la façon dont on présente souvent ces idées. Certes, les jugements que l'on porte sur les gens sont une source de désagrément, de division et de malaise pour toutes les personnes en cause. Le pardon représente une force puissante et curative pour celui qui le donne comme pour celui qui le reçoit. Et rien ne saurait nous combler davantage que d'être aimé et/ou d'aimer inconditionnellement. Toutefois, ce processus prête souvent à la confusion et aux malentendus, et les enseignements sont en grande partie empruntés à l'approche transcendante plutôt qu'à l'approche transformatrice.

Encore une fois, nous devons faire la distinction entre notre essence spirituelle et notre personnalité humaine. En qualité d'êtres spirituels, nous ne faisons qu'un avec l'amour universel, toujours inconditionnel et positif. Cependant, la personnalité a pour mission d'apprendre à évoluer dans le monde matériel et de combler nos besoins émotionnels. Sur le plan de la personnalité, nous avons pour préoccupation fondamentale de prendre soin et d'assurer la protection de l'enfant en nous; les sentiments d'amour qui nous habitent sont intimement liés à notre besoin de sécurité, de confiance et d'intimité. Notre personnalité est dotée de mécanismes de défense très efficaces qui peuvent bloquer l'amour en nous lorsque nous ne nous sentons pas en sécurité.

Au lieu de nier ou de tenter de réprimer ces sentiments et ces réactions, nous devons respecter et estimer à sa juste valeur le rôle de notre personnalité humaine. L'amour inconditionnel n'est pas une de ses caractéristiques. La reconnaissance de ce fait et la capacité d'honorer aussi bien notre nature spirituelle que notre nature humaine sont une importante source de guérison.

Lorsque nous sommes portés à juger les autres, il importe d'examiner ces émotions au lieu de les nier, afin de découvrir ce qui les provoque. D'habitude, nous nous sentons enclins à juger autrui lorsque nous sommes frustrés parce que, pour une raison ou pour une autre, nous n'avons pas suivi notre propre vérité, ou parce que nous sommes devant une personne qui nous reflète l'une des sous-personnalités que nous avons reniées. Aussi, au lieu de nous empêcher d'éprouver des sentiments de blâme, il convient de surveiller attentivement les jugements que nous portons sur autrui, car ceux-ci peuvent nous renseigner sur ce qui doit retenir notre attention à l'intérieur de nous-mêmes; tout compte fait, ce sont des alliés dans notre processus de guérison. Si nous essayons de supprimer ou d'ignorer ces sentiments, nous laissons passer une occasion d'apprendre et d'intensifier notre conscience. Nous blâmer de porter des jugements sur autrui équivaut simplement à nous accuser d'être des accusateurs!

Pour ce qui est du pardon, plusieurs personnes essaient de pardonner trop tôt, ce qui leur permet d'éviter de ressentir des émotions dont elles ont peur. Lorsque nous avons subi une blessure émotionnelle, nous pouvons éprouver plusieurs émotions, dont la douleur, la peur, le chagrin, le repli sur soi, la colère, la rage et même le désir de vengeance. Si nous pouvons nous permettre d'accepter et de ressentir toutes ces émotions lorsqu'elles surgissent en nous, sans essayer de tout «arranger» ou de changer quoi que ce soit, nous arriverons naturellement à éprouver un sentiment de pardon.

Le pardon vient quand nous avons terminé le processus d'apprentissage associé à une expérience particulière et que nous sommes prêts à tourner la page et à poursuivre notre route. Si nous nous empressons de pardonner avant d'être vraiment prêts à le faire, nous pouvons court-circuiter notre processus d'apprentissage, refouler nos autres émotions et manquer l'occasion de faire avancer notre guérison. Les rites de pardon tiennent certainement une place importante, mais uniquement lorsque nous avons compris que le pardon n'est pas un moyen d'échapper à d'autres aspects du processus.

La clé de l'amour inconditionnel réside dans l'amour que notre esprit nourrit pour notre personnalité. Lorsque nous parvenons à nous mettre à l'écoute de l'esprit, nous pouvons nous aimer sans conditions – aimer ces aspects de nous-mêmes qui sont en colère, exigeants, égoïstes et enclins à juger autrui. Nous ressentons alors naturellement de la compassion et de la bienveillance à l'égard d'autrui. Nous reconnaissons en eux les mêmes caractères humains que nous avons appris à aimer en nous-mêmes. En démontrant cette forme d'amour et de respect à l'égard de notre personnalité, nous acquérons une vue exacte du développement d'autrui sur le plan de la personnalité. Nous pouvons fixer des limites appropriées, en choisissant judicieusement les personnes qu'il convient de côtoyer. En même temps, grâce au lien que nous avons établi avec notre essence divine, nous reconnaissons et saluons naturellement l'être spirituel en toute personne, même lorsque nous savons que celle-ci doit être tenue à une certaine distance.

Inspirées par le mouvement *recovery*, plusieurs personnes ont appris ces dernières années à être aimantes alors même qu'elles établissent certaines limites et prennent leurs distances par rapport aux êtres chers qui souffrent de problèmes de dépendance. Par exemple, il leur est souvent nécessaire d'apprendre que l'action la plus aimante, la plus compatissante peut consister à mettre la personne qui vit un problème de dépendance devant la vérité, de lui montrer à quel point elle fait souffrir d'autres personnes. Les gens qui ont vécu ce processus de rétablissement reconnaissent en général que leur guérison s'est amorcée après qu'un être cher les ait mis en face de la vérité et ait insisté pour qu'ils se soumettent à un programme thérapeutique ou se joignent à un groupe de soutien.

Hal Bennett m'a raconté une anecdote qui contribuera peut-être à illustrer encore mieux ce que je veux dire. Après avoir obtenu son premier diplôme, il trouva un emploi d'enseignant auprès d'un groupe de jeunes ayant de graves troubles comportementaux. Une semaine après avoir commencé à travailler avec eux, il songeait sérieusement à démissionner. Il expliqua à son superviseur que les enfants

étaient trop violents entre eux et à son égard. En effet, chaque semaine était ponctuée de visites à la salle d'urgence
pour toutes sortes de problèmes allant du nez en sang aux
bras cassés. Le directeur de l'école demanda à Hal de persé-
vérer deux autres semaines, en se concentrant sur deux choses. Premièrement, qu'il ne pourrait obtenir de résultats
avec ces enfants avant d'apprendre à les aimer, et deuxiè-
mement, qu'il n'apprendrait jamais à les aimer avant d'avoir
accepté le fait que ces enfants étaient presque tous capables
de le poignarder dans le dos s'il ne se surveillait pas.

Au début, cela semblait contradictoire. Mais après deux
semaines, il avait commencé à constater la sagesse des propos de son directeur. Avant leur conversation, il avait vu
juste en déterminant que le comportement des enfants était
violent et potentiellement dangereux pour lui et pour les
autres. Mais le mur énorme qui s'était dressé entre les
enfants et lui était dû en partie au fait qu'il les avait catalo-
gués. Il les avait rejetés avec sa tête à cause de leur comportement, en se disant qu'ils ne méritaient pas son attention
ou celle de quiconque.

Dans les jours qui suivirent, il commença à réfléchir aux
paroles de son superviseur. Il accepta le fait que les enfants
avaient un comportement violent, mais il cessa de considérer que c'était là une raison de les rejeter. Il commença à
voir, au delà de leurs actions extérieures, qu'il y avait encore
en chacun d'eux un esprit aimant et très tendre. Afin
d'entrer en contact avec cet être, il lui fallait trouver des
moyens de faire face à leur violence – non en la niant, mais
en les aidant à apprendre à communiquer entre eux de
façon plus appropriée.

Pour apprendre à transformer un comportement violent,
qui avait son origine dans une carence affective et une douleur profondes, il dut se pencher sur ses propres sentiments
de colère et de violence et commencer lui aussi un travail
de guérison. Hal et les quatre autres professeurs attitrés de

ces enfants travaillèrent ensemble à faire face à leurs propres émotions et à trouver des moyens plus efficaces pour créer un climat de guérison. Il finit par demeurer trois années de plus dans cette école, au sein d'une équipe professorale très dévouée qui contribua à transformer la vie de près de trente enfants.

N'oubliez pas que l'on obtient peu de résultats en essayant d'éprouver de l'amour ou toute autre émotion. Nos sentiments échappent au contrôle de la volonté, et la plupart des tentatives pour exercer ce genre de contrôle conduisent au rejet, à la répression et au désaveu de certains aspects de nous-mêmes ou à l'expression de sentiments qui ne sont pas authentiques. En reconnaissant et en respectant toute émotion que nous pouvons éprouver – aussi « inacceptable » qu'elle aurait pu nous sembler auparavant –, nous créons une place pour l'émotion contraire. C'est pourquoi il est contradictoire de s'efforcer d'aimer sans conditions. L'amour inconditionnel surgit naturellement lorsque nous sommes capables d'accepter tous nos sentiments et d'aimer tous les aspects de nous-mêmes, y compris les parties dont l'amour est conditionnel.

MÉDITATION
S'accepter et accepter autrui

Installez-vous confortablement, en position couchée ou assise, le dos droit et bien soutenu. Respirez profondément à quelques reprises et laissez votre corps et votre esprit se détendre et goûter une paix profonde. Demandez à entrer en contact avec cet aspect de vous-mêmes qui est enclin à porter des jugements. Demandez-lui quelle chose ou quelle personne attirent ses jugements et pour quelle raison.

Cherchez comment ce jugement reflète un aspect quelconque de vous-mêmes que vous n'acceptez pas.

À présent, demandez à entrer en contact avec la dimension spirituelle de votre être qui aime inconditionnellement. Demandez à cet aspect aimant de votre être s'il peut vous enseigner à accepter toutes les parties de votre nature, y compris celle qui est portée à juger et les aspects qu'elle rejette. Figurez-vous que vous êtes entourés d'une lumière d'amour et de compréhension, d'une merveilleuse teinte rosée. Maintenant, imaginez que vous regardez les autres avec la compassion que vous avez acquise en vous acceptant tel que vous êtes.

CHANGER LE MONDE

En effaçant nos limites et nos blocages spiri-
tuels, mentaux, émotionnels et physiques, nous
permettons à la force vitale créatrice de circuler
plus librement et parfaitement en nous. Cette
énergie vitale nous dispose naturellement à
poser des actions efficaces, nécessaires pour le
monde, qui sont en harmonie avec notre être et
en accord avec notre but supérieur.

D ans ma jeunesse, j'étais très engagée dans l'action
politique et sociale. J'ai grandi dans une famille libé-
rale, politisée, où l'on m'encourageait à exprimer mes opinions et à prendre des mesures pour soutenir les principes
auxquels je croyais. J'ai écrit des lettres à la tribune libre des
journaux et aux élus (même si je n'avais pas l'âge de voter);
j'ai travaillé bénévolement pour le programme Head Start [14]
dans ma région et j'ai participé à plusieurs manifestations.

Au cours de mon premier mois au collège, j'ai passé une nuit en prison pour avoir manifesté contre la guerre au Viêt-nam. J'étais convaincue de pouvoir changer les choses et résolue à faire tout ce qui était en mon pouvoir pour créer un monde meilleur.

La désillusion s'installa peu à peu et finit par m'envahir complètement. Sur le plan politique, les événements n'avaient rien d'encourageant. L'assassinat des Kennedy et de Martin Luther King, l'échec des candidats et des causes que je soutenais, la guerre qui s'éternisait... tout cela fut très démoralisant pour moi. Lorsque Nixon fut élu à la présidence, j'ai tout laissé tomber. Assez ironiquement, au moment où j'étais en âge de voter, cela ne m'intéressait plus.

Au-delà de ma déception politique, je traversais une crise existentielle profonde et je m'interrogeais sur le sens et le but mêmes de ma vie. J'éprouvais une vague impression de vide, de solitude et d'insatisfaction ; je me demandais qui j'étais et pourquoi j'existais. Ma quête de conscience s'amorça avec cette recherche de sens et de plénitude.

Pendant plusieurs années, mon attention fut tournée principalement vers l'intérieur. J'ai cherché à connaître et à comprendre ma nature ainsi que la nature essentielle de l'existence. Je sentais intuitivement que le changement et la satisfaction véritables ne pouvaient être obtenus qu'en s'attaquant à ces questions centrales. Je me suis appliquée à me connaître et à me développer à tous les niveaux – spirituel, mental, émotionnel et physique. J'ai accompli une démarche de guérison en profondeur, parfois difficile et douloureuse, mais également fascinante et passionnante. À compter de ce moment, j'ai découvert des outils utiles et des idées enrichissantes et je suis devenue peu à peu plus sage ; je me suis mise à partager mes découvertes avec d'autres personnes, en agissant comme conseillère auprès d'elles, en animant des ateliers de croissance ou en écrivant des livres[15].

Pendant toute cette période, j'avais peu d'intérêt pour la réalité extérieure. Je prenais rarement le temps de lire les journaux ou de regarder la télévision, aussi étais-je mal renseignée sur l'actualité. Je n'essayais pas d'éviter ces activités. Je n'éprouvais tout simplement plus d'attrait pour ce genre de choses. Même si j'étais consciente d'appartenir à la conscience collective qui avait créé ce monde, je me concentrais plus intensément sur une réalité d'un ordre différent. J'avais l'impression que nous étions, moi et d'autres personnes, engagées dans une quête de conscience, en train de construire un monde nouveau à l'intérieur de nous-mêmes. Comme je me consacrais entièrement à transformer ma conscience personnelle et à créer une nouvelle réalité, il me restait peu d'énergie pour me pencher sur le monde usé qui m'entourait.

Je crois que ma démarche est tout à fait typique de beaucoup de gens de ma génération. C'est un processus qui a été mal compris et mal interprété, en particulier par les médias. J'ai lu de nombreux articles de journaux et de magazines pleurant l'idéalisme et l'activisme des années 60 et du début des années 70. On croirait en lisant ces articles que l'idéalisme et l'activisme se sont volatilisés. Sans doute, certaines personnes ont-elles abandonné leurs croyances, mais pour plusieurs d'entre nous, la recherche d'un changement radical s'est approfondie. Elle n'a pas du tout disparu, elle est simplement devenue plus intérieure, plus calme et personnelle.

Dans les médias populaires, et même dans les médias alternatifs politisés, ce fut une mode de qualifier toute activité associée à la croissance personnelle de « narcissique et épicurienne ». Si une telle critique peut s'appliquer à certains individus, elle passe complètement à côté de ce que la majorité d'entre nous ont accompli dans leur quête spirituelle. Nous n'avons pas évité le monde extérieur, mais plutôt préparé le terrain pour les changements qui s'y produiront.

Voici ma vision de l'évolution de la conscience au cours de ce siècle :

Dans la première moitié du siècle, le monde fut en grande partie ébranlé par des événements cataclysmiques – deux guerres mondiales, une dépression économique majeure et un génocide massif. Ceux-ci furent de formidables catalyseurs de croissance pour l'humanité : ils nous forcèrent à affronter nos ombres les plus inquiétantes, nos peurs les plus profondes et à commencer à envisager le monde comme un tout interdépendant.

Les années 50 constituèrent une époque de restabilisation, et fut marquée par la recherche de l'ordre, de l'équilibre et d'un semblant de « normalité ». La fin des années 50 et la décennie 60 amenèrent une incroyable ouverture aux forces irraisonnées de la vie – les forces instinctuelles, émotionnelles, intuitives et spirituelles –, d'abord par le rhythm and blues, puis le rock and roll et ensuite par les drogues psychédéliques. On assista à une formidable révolte contre les insuffisances de la pensée occidentale, trop linéaire, rationnelle et rigide, et contre les structures du pouvoir social, politique et militaire.

Au cours des années 70, pour la première fois dans l'histoire occidentale, un nombre relativement important de gens ont fait l'expérience d'états de conscience non-linéaires, transpersonnels et même mystiques. Un certain nombre d'entre eux ont ainsi été amenés à s'intéresser à la recherche spirituelle, aux pratiques de guérison et aux styles de vie alternatifs. Plusieurs Occidentaux ont été fascinés par la sagesse de l'Orient et/ou par la spiritualité des peuples indigènes, comme les peuples autochtones de l'Amérique, centrée sur les rapports avec la terre.

Dans les années 80, plusieurs d'entre nous ont continué d'approfondir et de pousser plus avant leur quête de conscience. La transposition de ce processus dans le monde matériel, le fait de bâtir une famille, une carrière, et de nous y consacrer, nous a permis en grande mesure de parfaire notre apprentissage et de grandir. Ce fut souvent difficile et douloureux. Autrefois, la grande majorité des êtres humains vivaient dans la même localité toute leur vie, conservaient le même emploi et restaient mariés à la même personne toute leur existence. Constatant qu'il nous était dorénavant impossible d'agir comme par le passé, nous avons tenté de découvrir de nouvelles façons de vivre dans le monde sans disposer d'aucun modèle. Souvent en proie à la confusion et au sentiment d'avoir échoué dans nos tentatives, nous avons eu malgré tout le courage de continuer de prendre des risques.

Aujourd'hui, dans les années 90, le processus de l'évolution s'accélère et gagne en intensité alors que nous avançons à grands pas vers le nouveau millénaire. Le monde nouveau que nous avons créé intérieurement est en train de voir le jour et nous vivons un accouchement difficile! Toutefois, nous commençons à voir ce monde prendre forme à travers les gens de plus en plus nombreux qui demandent des réformes sociales et politiques, aspirent à plus de conscience, non pour échapper aux problèmes du monde actuel, mais pour contribuer à les corriger.

L'émergence de ce monde nouveau fait que l'ancien monde meurt et tombe en morceaux autour de nous. Les structures, les institutions et les systèmes du passé sont devenus inefficaces. Nous nous sentons perdus et anxieux – et il pourrait difficilement en être autrement –, dans la mesure où nous sommes attachés à ce monde. Et nous éprouvons de la joie et de l'enthousiasme, dans la mesure où nous prenons déjà une part active dans la création du nouveau monde.

Plusieurs d'entre nous ont un pied dans chaque monde et se sentent pris entre deux réalités, ne sachant trop en laquelle croire ou avoir confiance. La souffrance et le chaos que nous voyons dans le monde nous font peur. Nous ne savons trop comment relever les défis de notre vie personnelle, et les problèmes mondiaux paraissent absolument écrasants. Nous aimerions apporter une aide quelconque, mais ne savons que faire.

Bon nombre d'entre nous, qui s'étaient consacrés principalement à mener une quête intérieure ainsi qu'à équilibrer et développer leur vie personnelle, sentent que leur énergie amorce de nouveau un mouvement vers l'extérieur. Tout a une nature cyclique. Comme nous sommes allés profondément à l'intérieur, il est temps à présent pour plusieurs d'entre nous de commencer à participer plus activement et plus ouvertement à l'univers. Nombre d'événements qui se produisent actuellement sur notre planète reflètent synchroniquement ce mouvement intérieur. En premier lieu, nous assistons à ce qui semble être une dégradation rapide des milieux naturels de la planète et éprouvons une inquiétude grandissante devant la nécessité de trouver des solutions immédiates et efficaces à ces problèmes avant qu'il ne soit trop tard. L'évolution du climat politique dans le monde et aux États-Unis représente un autre facteur déterminant.

Lorsque j'ai commencé à rassembler mes idées et à prendre des notes pour la rédaction du présent ouvrage, le monde était encore dominé par l'ancienne mentalité masculine de la guerre froide. Les États-Unis étaient encore à l'ère Reagan/Bush et l'Union soviétique, toujours intacte. Il régnait une atmosphère de négation, une espèce de torpeur. Je sentais toutefois qu'un grand changement était en train de se produire en profondeur, et j'ai voulu écrire un livre qui puisse aider les gens à s'éveiller à ce changement et appuyer ceux qui sont déjà au premier rang.

Dans les mois suivants, pendant que le livre prenait forme, l'atmosphère du monde a considérablement changé. La guerre froide a officiellement pris fin et l'Union soviétique s'est démembrée. Plusieurs nations vivent de profondes transformations et réorganisations au niveau de leurs structures sociales et politiques. Les États-Unis ont élu de nouveaux dirigeants qui représentent une nouvelle génération, une mentalité différente et, je crois, un désir sincère de mener le pays et le monde dans une direction différente. Reste à savoir si les nouveaux leaders seront en mesure de réaliser leurs objectifs rapidement et efficacement. Comme cela se produit toujours dans les périodes de grands changements, nous assistons à une lutte entre les mentalités ancienne et nouvelle, entre les forces du changement et le statut quo, qui suscite beaucoup de peur, de frustration et de conflits, mais aussi de l'espoir et de vives émotions.

Il est intéressant de considérer ces chefs d'État comme des reflets des énergies masculine et féminine présentes en chacun de nous. George et Barbara Bush représentaient l'ancien ordre patriarcal, caractérisé par un fossé profond entre les rôles féminin et masculin. George Bush incarne le chef désigné, le décideur et le détenteur de l'autorité; Barbara Bush représente la compagne tranquille qui est d'un grand soutien et exerce son pouvoir de façon plus privée et probablement plus indirecte. Par contraste, Bill et Hillary Clinton traduisent une tendance prononcée vers un meilleur équilibre et une intégration plus parfaite des énergies féminine et masculine. Il semble proche de son côté féminin, qu'il honore et apprécie, à preuve le respect évident et la considération qu'il a pour le pouvoir de sa femme. De son côté, elle possède une énergie masculine fortement développée qui vient appuyer ses énergies féminines, et elle paraît aussi à l'aise dans une position de premier plan que dans un rôle secondaire. Une association masculin-féminin plus égale à la Maison Blanche reflète, à mon avis, la relation plus équilibrée entre les aspects féminins et masculins que nous sommes en train de cultiver à l'intérieur de nous-mêmes et au sein de notre culture.

Le travail de croissance intérieure que nous avons accompli est finalement en voie de se manifester plus clairement dans ce climat universel de changement et de transformation. Nous vivons une époque excitante où les résultats de notre travail acharné commencent à être visibles. Ce n'est que le début ; le processus du changement s'accompagne d'un chaos, de luttes et de frustrations énormes. Mais on ne peut nier que nous en sommes à ce stade.

Pour plusieurs d'entre nous qui menons une quête de la conscience, cette atmosphère de changement rallume notre espoir, notre intuition et nous invite à nous engager dans le monde de façon plus active. Pourtant ces sentiments peuvent engendrer de nouveaux conflits intérieurs, en particulier chez ceux qui ont suivi une voie spirituelle transcendante : ils trouveront tout à fait incompatible de se jeter dans l'action et de ne pas se mêler aux affaires du monde. Comment s'engager dans le monde extérieur sans perdre la relation intérieure que nous avons établie au prix d'un travail acharné ?

Le mouvement de la conscience est à un tournant décisif de son évolution, tout comme le monde. Au lieu de suivre une voie transcendante et de nous retirer du monde, nous devons nous engager dans la voie de la transformation et prendre la responsabilité de changer le monde.

Nous devons nous rappeler que les tentatives pour régler les problèmes du monde fondées sur une approche purement extérieure ne sont guère fructueuses. Le monde est rempli de gens qui se donnent beaucoup de mal pour tenter de solutionner les problèmes sociaux et planétaires sans grand succès, parce qu'ils n'envisagent pas pleinement les dimensions profondes des problèmes. Malgré toutes nos bonnes intentions, si nous essayons « d'arranger » les choses du dehors, sans guérir les causes sous-jacentes du problème au sein de notre propre conscience, nous perpétuons simplement le problème.

Ainsi, il y a eu ces dernières années de nombreux rassemblements dans le but de visualiser la paix mondiale. Comme plusieurs le savent, je crois profondément au pouvoir de la visualisation, ainsi que le confirme le livre *Techniques de visualisation créatrice*, que j'ai écrit il y a plusieurs années. J'encourage donc les gens à continuer d'utiliser cet outil particulièrement efficace pour réaliser leurs buts personnels et collectifs. Cependant, la visualisation de la paix mondiale ou de tout autre objectif n'aura un effet que si nous sommes disposés à mener un travail intérieur qui viendra l'appuyer. Si nous nous identifions aux énergies de l'amour, de la lumière, de la paix et que nous nions notre agressivité et la projetons sur autrui, nos tentatives pour bâtir la paix mondiale, ou même pour nous créer une vie paisible sont probablement vouées à l'échec. Si nous pouvons assumer notre agressivité naturelle de façon saine, accepter notre guerrier intérieur en tant qu'élément essentiel de notre être pour l'intégrer ensuite dans notre vie, alors l'agressivité cessera d'être une ombre que nous projetons sur les autres. Les maîtres des arts martiaux comprennent ce principe – si vous êtes en paix avec votre guerrier intérieur et savez canaliser son énergie, ce pouvoir rayonnera de votre personne et vous n'aurez probablement jamais besoin d'adopter une attitude franchement agressive.

La mort de Mohandas Gandhi illustre bien le fait que la répression de notre agressivité ne conduit pas finalement à la paix. Gandhi était complètement dévoué à la cause de la non-violence et avait accompli un incroyable travail dans le monde. Ce qui est tragique, c'est qu'il connut une fin violente ; il est possible que l'assassin ait reflété l'ombre de Gandhi, c'est-à-dire l'agressivité qu'il niait en lui-même. Le cas de John Lennon constitue un autre exemple. Il semble que ce dernier ait été agressif et même violent dans sa jeunesse. À une époque ultérieure de sa vie, il renia ce côté de lui-même et s'efforça de promouvoir la paix mondiale. Il est mort, lui aussi de façon tragique et violente, dans la fleur de l'âge. Et je crois que tout comme l'assassin de Gandhi, le meurtrier de Lennon reflétait l'agressivité non intégrée de Lennon.

Finalement, si nous voulons mener une vie paisible et créer un monde de paix, nous devons poser les fondements de cette paix à l'intérieur de nous-mêmes. Ce processus inclut l'acceptation et l'intégration des parties de nous-mêmes qui sont capables de faire la guerre.

Par conséquent, comment pouvons-nous satisfaire notre désir de prendre une part active à la transformation du monde ? Nous devons découvrir comment poser des actions qui soient le prolongement naturel de notre démarche de conscience. Ces actions ne peuvent être efficaces que si elles s'enracinent dans notre travail de guérison intérieure – c'est-à-dire tout ce que j'ai décrit dans ce livre.

Tout d'abord, nous devons comprendre que nous sommes tous des parties d'un même tout, qu'au niveau le plus profond, la création forme une seule conscience, une seule intelligence. Par conséquent, il est important de nous rappeler que *tout* ce que nous faisons a un sens et de l'importance ; dans une certaine mesure, *toutes* nos actions ont une influence sur tous les autres hommes. Nous devons accomplir notre travail intérieur en sachant que notre guérison personnelle contribue à celle de tous les gens, de toute chose. Il est assez facile de constater que nous influençons les gens que nous rencontrons personnellement, et de comprendre que ces derniers agissent à leur tour sur les gens avec lesquels ils entrent en contact, de sorte que notre influence se répand dans le monde à travers chaque rencontre personnelle. Nous devrons peut-être faire appel à notre foi pour accepter que nous exerçons également une influence sur les gens qui habitent à l'autre bout de la planète par l'intermédiaire de la conscience collective – au sein de laquelle nous avons tous une participation active. Nous nous influençons les uns les autres même si nous ne nous sommes jamais rencontrés personnellement.

Je suis convaincue que chaque personne engagée dans un processus de croissance personnelle sur cette planète fait partie de la « génération de la guérison ». C'est notre destinée de travailler intensément sur le plan intérieur pour que les générations suivantes n'aient pas à déployer autant d'efforts pour leur guérison et puissent ainsi accomplir toute tâche qu'elles auront pour mission d'accomplir ici ! Donc, pour plusieurs d'entre nous, le travail intérieur que nous accomplissons constituera notre contribution la plus précieuse à l'humanité.

Bien sûr, si nous voulons donner à nos actions une importance et une efficacité maximales, nous devons nous engager à fond dans une quête de conscience permanente, qui gagne toujours en profondeur. N'oublions pas d'utiliser chaque relation importante, chaque expérience significative comme un miroir dont les images nous aident à découvrir comment exprimer plus pleinement notre potentiel et vivre de façon plus consciente.

Toutes nos pensées, émotions, paroles et actions ont un effet sur autrui et sur le monde qui nous entoure. Donc, la chose la plus efficace et la plus importante que nous puissions accomplir pour changer le monde, c'est simplement de faire de notre mieux pour vivre de façon consciente tous les jours. Rappelez-vous, cela ne veut pas dire de vivre selon un idéal spirituel élevé – de pratiquer constamment l'amour inconditionnel, le pardon et la tolérance. S'efforcer trop ardemment de se conformer à un modèle *quelconque* de perfection, aussi attrayant soit-il, mènera toujours au désappointement et à un sentiment d'échec. Il n'est pas nécessaire que nous soyons des saints pour commencer à changer les choses !

Vivre consciemment signifie, selon moi, accepter nos faiblesses et nos imperfections sans nous juger trop sévèrement et être prêts à tirer des leçons de nos modèles de comportement inconscients, une fois que nous avons reconnu leur présence. Cela veut dire considérer nos expériences comme des occasions de croissance et accepter que chaque chose, chaque personne sur notre route peut nous enseigner quelque chose. Cela signifie prendre la responsabilité (et non nous blâmer) de nos pensées, de nos sentiments et de nos actions, en reconnaissant qu'elles ont réellement un effet sur autrui. Cela implique d'être à l'écoute et de descendre en nous-mêmes à la recherche de notre sens de la vérité, puis de faire de notre mieux pour vivre et exprimer cette vérité d'instant en instant, jour après jour. Et cela veut dire donner le meilleur de nous-mêmes, partager nos talents et nos aptitudes particulières avec autrui.

Pour vivre consciemment, nous devons devenir toujours plus conscients de la façon dont nous vivons sur terre. Nous avons pour la plupart besoin d'apprendre à vivre plus simplement, sans utiliser la totalité de nos ressources et produire autant de déchets. Cela ne veut pas dire que nous devons vivre dans la pauvreté ou souffrir de privations. Au contraire! Dès que nous prenons conscience de nos *véritables* besoins – spirituels, mentaux, émotionnels et physiques – et que nous apprenons à les satisfaire vraiment, nous constatons que nous n'avons plus besoin d'une quantité d'objets extérieurs que nous utilisions pour tenter de combler notre vide intérieur. Quand les véritables besoins sont satisfaits, les faux besoins disparaissent, tout comme les peurs qui nous commandaient. Quand l'esprit nous remplit de l'intérieur et que la force vitale circule librement dans notre corps, quand nous nous mettons au diapason de notre âme et de notre but supérieur, nous avons le sentiment de faire partie du mouvement naturel et de l'abondance de l'univers. Nous en venons à apprécier la richesse des choses simples de l'existence.

Cela ne signifie pas que nous ne pouvons jouir de nos possessions matérielles et des produits de la récente technologie. Je crois que le fait de trouver notre équilibre intérieur nous permettra de découvrir un moyen d'équilibrer les besoins de notre environnement, tout en jouissant des fruits de notre pouvoir de création matérielle. En attendant, nous devons, pour la plupart, nous sensibiliser à la question de l'utilisation des ressources et acquérir de meilleures habitudes en ce domaine. Les petits gestes comptent – comme acheter des aliments plus sains, plus naturels, sans emballage, éviter les additifs alimentaires, les aliments préparés, les produits toxiques ou ceux offerts dans des contenants non-recyclables, utiliser votre propre sac de toile pour le magasinage, pratiquer le recyclage à la maison et au bureau. Ces gestes paraissent mineurs, mais chacun d'eux peut avoir des répercussions importantes, en particulier si nous enseignons à nos enfants à agir de cette manière.

Bien sûr, la façon dont nous traitons nos semblables, sans compter nos frères les animaux, constitue un autre aspect essentiel de la vie consciente. Naturellement, il nous arrive tous de dire et de faire des choses que nous regrettons et qui nous désolent plus tard. Cela fait inévitablement partie de la condition humaine, *en particulier* lorsque nous recherchons activement de nouvelles façons de vivre et de communiquer au lieu de suivre la ligne de conduite sécurisante que nous avons peut-être adoptée dans le passé. Donc, nous devons nous donner tout l'espace nécessaire pour nous exprimer, ce que nous ne ferons pas toujours de façon harmonieuse ou réussie. Cependant, nous pouvons aussi faire un effort supplémentaire, lorsque c'est possible, pour exprimer notre amour et notre compassion à autrui, par des gestes simples: regarder le péagiste du parc de stationnement dans les yeux et lui dire vraiment merci, ou faire preuve de plus de patience envers le commis d'un grand magasin qui semble connaître une dure journée.

Vivre consciemment, cela veut dire vivre de façon créatrice, envisager chaque journée qui commence non seulement comme une occasion d'apprendre, mais aussi de partager avec joie nos dons particuliers, nos aptitudes et nos idées lumineuses, dans les petites comme dans les grandes choses.

En travaillant à notre guérison intérieure, nous puisons inévitablement et toujours davantage dans notre réservoir d'énergie créatrice. En effaçant nos limites et nos blocages spirituels, mentaux, émotionnels et physiques, nous permettons à la force vitale créatrice de circuler plus librement et parfaitement en nous. Cette énergie vitale nous dispose naturellement à poser des actions efficaces, nécessaires pour le monde, qui sont en harmonie avec notre être et en accord avec notre but supérieur.

En suivant vos inspirations, vos impulsions créatrices, vous vous surprendrez peut-être à faire des choses originales et tout à fait inattendues, dont certaines pourront avoir des résultats surprenants. Par exemple, l'un de mes amis compositeur avait créé la musique d'un film consacré à l'écologie. Lorsque le film fut présenté dans sa ville, il eut l'idée d'acheter des billets pour tous ses amis, afin de les sensibiliser à cette question. Cet événement les aida vraiment à prendre conscience et à se soucier davantage de l'environnement. Tous ceux qui assistèrent au film furent si enthousiasmés qu'ils se réunirent pour rechercher une façon de rejoindre un plus vaste auditoire. Ils achetèrent des exemplaires du film sur vidéocassette et firent la tournée des différents secteurs scolaires pour le présenter à tous les enfants.

Aucun d'entre eux n'a eu l'impression de consacrer énormément de temps, d'énergie ou d'argent au projet, et néanmoins, leurs efforts communs pour répandre un message important et constructif contribuèrent à faire avancer les choses dans le monde.

Voici quelques suggestions susceptibles de vous aider à découvrir comment poser « l'action juste » :

❖ Prenez l'engagement avec vous-mêmes de découvrir un projet constructif et efficace auquel vous pourrez participer pour soutenir la guérison et la transformation du monde. Regardez autour de vous afin d'identifier certains problèmes et questions importantes dans votre milieu immédiat ou dans votre région.

❖ Quand vous aurez trouvé une cause à laquelle vous aimeriez vous consacrer, demandez-vous s'il n'y a pas d'abord un travail à faire au niveau *intérieur*. Ce problème pourrait-il refléter un problème existant à l'intérieur de votre psyché, et que devez-vous faire pour le résoudre ? Si vous n'obtenez pas de réponse ou ne percevez aucune corrélation évidente, ne vous en faites pas. N'insistez pas et poursuivez, mais laissez la question en suspens. Vous aurez peut-être une perception plus claire de la question à un certain moment.

❖ Demandez à votre guide intérieur de vous éclairer et de vous conseiller quant à toute forme d'action que vous envisagez. Si vous ne recevez aucune réponse, n'y pensez plus pour un certain temps. Il est possible que la réponse vienne plus tard. Sinon, vous n'êtes peut-être pas faits pour cette sphère d'activité. Observez plutôt dans quel domaine vous avez *vraiment* l'énergie pour agir.

❖ Lorsque vous vous sentez poussés dans une certaine direction, obéissez à votre impulsion. Continuez de demander à être éclairés et suivez les conseils de votre guide intérieur de votre mieux. Lorsque vous n'êtes pas sûrs de la voie à suivre, reposez-vous.

❖ N'essayez pas de viser trop haut, d'entreprendre des projets trop ambitieux. Allez-y progressivement et n'oubliez pas que les petites choses ont parfois autant d'importance que les grandes.

❖ N'abusez pas de votre énergie. Évitez d'agir sous le coup de la peur ou de la culpabilité. Autant que possible, suivez votre intuition. Faites ce qui vous passionne, vous anime et/ou vous rend heureux.

Par exemple, une femme de ma connaissance a lu un article de journal mentionnant que les autorités scolaires locales avaient dû abandonner le programme parascolaire de classes d'art pour les jeunes à cause d'un manque de fonds. Elle en fut attristée, car elle devait son amour indéfectible pour la danse et le théâtre à une classe d'art similaire qu'elle avait fréquentée enfant. Elle demanda à son guide intérieur de lui indiquer si elle pouvait faire quelque chose à ce sujet. Quelques jours plus tard, elle se sentit poussée à téléphoner à la commission scolaire pour offrir ses services. Elle finit par enseigner le théâtre après les heures de classe pendant plusieurs années et adora littéralement son expérience auprès des enfants.

Plusieurs des actes que nous nous sentons appelés à poser au cours de notre vie peuvent *sembler* étrangers à l'amélioration du monde ou du sort d'autrui. N'oubliez pas que la vitalité qui naît du simple fait d'être vous-mêmes, de vivre votre vérité et de faire ce que vous aimez représente votre contribution la plus précieuse. L'expression passionnée de ce que nous sommes vraiment guérira le monde.

LES SEPT ÉTAPES DE LA TRANSFORMATION

Rappelez-vous que la guérison ne s'obtient pas du jour au lendemain – c'est une démarche continue. Souvent inconfortable et parfois douloureuse, elle demeure l'une des aventures les plus fascinantes et gratifiantes que la vie puisse offrir. Faites confiance à votre processus de guérison et laissez-le se dérouler dans le temps et dans l'espace, à sa façon.

Certains lecteurs viennent peut-être d'entreprendre leur quête de conscience. D'autres peuvent la mener depuis des années, et néanmoins, il est possible qu'ils aient trouvé de nouvelles idées ou des perspectives différentes en lisant ce livre.

Voici sept étapes essentielles pour ceux qui désirent commencer ou reprendre l'aventure de la transformation :

1. S'engager

Engagez-vous à être le plus fidèle possible à votre vérité intérieure et à faire tout ce qui est en votre pouvoir pour grandir, guérir et devenir plus conscient. Vous pouvez - entreprendre cette démarche seul, ou avec votre partenaire de vie, votre famille, vos amis ou un groupe. Si vous le voulez, vous pouvez mettre cet engagement par écrit et créer un rituel pour souligner l'événement d'une façon formelle; inscrivez-le dans votre journal, méditez dans un endroit spécial, allez marcher sur la plage et criez-le à l'océan, trouvez un objet symbolisant le pas que vous venez de franchir et gardez-le sur vous, créez un autel sur lequel vous placerez des objets spéciaux, portez un bijou ou une bague spécifique, exprimez les émotions associées à cet engagement par une création artistique ou par tout autre moyen qui vous paraît approprié.

2. Être à l'écoute de son guide intérieur

Entrez en relation avec votre propre guide intérieur en apprenant à écouter et à suivre votre intuition. J'ai décrit ce procédé dans les chapitres «À la découverte de votre guide intérieur» et «Développer votre guide intérieur».

3. S'assurer un appui

Assurez-vous de recevoir l'appui dont vous avez besoin pour mener votre quête. Plusieurs d'entre nous croient qu'ils doivent compter uniquement sur eux-mêmes et apporter des changements dans leur vie sans aide extérieure. Nous pouvons avoir l'impression qu'il est quelque peu embarrassant ou honteux d'admettre que nous avons besoin d'aide. Nous avons peur que cela constitue un aveu de vulnérabilité, et c'est l'un des schémas de comportement usés et restrictifs dont nous devons nous guérir. Comme êtres humains, nous avons effectivement besoin les uns des autres. Nous appartenons à une espèce sociale et nous avons besoin d'éprouver un sentiment d'appartenance au sein d'une famille, d'un groupe ou d'une communauté. Et l'élargissement de la conscience est un processus bien trop complexe et difficile pour être mené à bien sans l'aide de quiconque. Bien sûr, il y a des périodes où nous devons apprendre à apprivoiser la solitude, à nous tourner vers l'intérieur pour obtenir des réponses, à faire confiance à notre propre individualité au lieu d'imiter autrui. Cela fait aussi partie de notre démarche de conscience d'apprendre à reconnaître les moments où nous avons besoin d'être soutenus et ceux où nous devons être autonomes.

Le soutien se manifestera peut-être dans votre vie sous la forme d'un ami sincère ou d'un groupe d'amis, de votre partenaire de vie et/ou de votre famille, d'un mentor qui a toute votre confiance, d'un médecin ou d'un praticien de la santé, d'un conseiller ou d'un thérapeute, d'un professeur, d'un cours, d'une association professionnelle, d'une église ou d'un groupe spirituel, d'un atelier, d'un groupe de croissance, d'un programme d'aide aux personnes souffrant d'une dépendance ou d'un programme en douze étapes.

Montrez-vous prudent dans le choix de votre système de soutien. Assurez-vous qu'il correspond et répond vraiment à vos besoins spécifiques. En règle générale, cette expérience devrait améliorer votre estime de soi, vous faire sentir en grande forme physique et morale, ou plus serein. Bien sûr vous pourrez éprouver des sentiments différents à d'autres moments – il peut arriver que vous soyez ébranlés ou perturbés parce que l'un de vos modes de comportement est remis en question. Mais dans l'ensemble, vos sentiments devraient être positifs. Méfiez-vous de toute situation où vous vous sentez fréquemment dépréciés, critiqués, embarrassés, frustrés ou affaiblis. Cela peut être le signe qu'une personne abuse de son pouvoir. Redoublez de prudence lorsqu'on prétend agir pour votre bien ou que l'on

vous taxe de rebelle parce que vous contestez leurs méthodes.

Nous devons tous avoir au moins une personne ou un
groupe avec qui nous pouvons être totalement nous-mêmes,
avec qui partager nos pensées les plus intimes, nos sentiments les plus profonds, avec qui nous nous sentons accep-
tés tels que nous sommes, même avec ce que nous
considérons comme nos défauts ou nos faiblesses. Outre
cet appui fondamental, il est possible que nous ayons besoin
d'une aide d'un type particulier : besoin d'inspiration,
besoin d'être aidés dans l'apprentissage de nouvelles techniques ou besoin de l'assistance d'un praticien de la santé.
Tout ami ou tout spécialiste qui vous vient en aide sur la
voie de la transformation, soit directement ou indirectement, peut être un soutien pour vous.

Le genre d'aide dont vous avez besoin changera probablement avec le temps. Il peut arriver que nous n'ayons
plus grand-chose en commun avec les gens qui nous ont
soutenus. Lorsque cela se produit, il peut être difficile de
nous détacher d'eux, même si nous acceptons qu'il est
temps de le faire. Quelquefois, il est indispensable de
lâcher prise et de continuer notre chemin. Encore une fois,
savoir quand rester et quand partir demande de la sagesse et
celle-ci ne s'acquiert qu'en faisant face lorsque la vie nous
place devant ce défi.

Nous devons nous rappeler également que tout merveilleux que soient nos amis et notre famille, il est parfois
nécessaire que notre source d'appui soit plus objective. Les
êtres qui nous sont chers investissent et ont des attaches
dans notre vie, et ne peuvent toujours nous donner le point
de vue dont nous avons besoin. En outre, il est possible
qu'ils n'aient pas les compétences ou l'expertise pour nous
venir en aide dans un domaine précis. Et cela peut être un
fardeau bien trop lourd pour notre conjoint, notre partenaire
ou nos amis intimes d'exiger qu'ils comblent en entier

notre besoin de soutien affectif, en particulier lorsque nous traversons une crise émotionnelle ou une phase de guérison intense. Il peut être crucial à ce moment de chercher conseil à l'extérieur, ou auprès d'un professionnel, pour notre bien-être personnel comme pour celui de nos proches.

Lorsque vous recherchez de l'aide, veillez à bien préciser vos besoins. Cela ne veut pas dire que vous devez savoir exactement ce dont vous avez besoin; il vous suffit d'être attentifs à tout ce dont vous *êtes* conscients et de vous servir de cela comme point de départ. Par exemple, vous pouvez vous rendre compte que vous avez besoin d'apprendre à mieux communiquer dans un contexte relationnel, sans savoir exactement quelle forme donner à cet apprentissage ou quelles compétences il vous faudrait acquérir. Demandez à votre guide intérieur de vous diriger vers la ressource appropriée. Demandez à vos amis et connaissances de vous faire des suggestions. Consultez toute autre source qui vous vient à l'idée. Lorsque quelque chose vous semble intéressant ou approprié, renseignez-vous. Ne craignez pas de vous entretenir avec un éventuel conseiller, guérisseur ou thérapeute, afin de vous faire une idée à son sujet et de voir si vous pouvez travailler ensemble. La majorité des thérapeutes offrent une première rencontre qui consiste en un entretien. Dans bien des cas, c'est une bonne idée de faire un essai. Par-dessus tout, fiez-vous à votre intuition afin de savoir ce qui vous convient et demeurez à l'écoute de votre guide intérieur.

4. Employer des outils

Trouvez des outils qui vous aideront dans votre démarche à tous les niveaux – spirituel, mental, émotionnel et physique. Donnez-vous la liberté d'étudier, d'examiner et de comprendre différentes idées, techniques et méthodes qui éveillent votre intérêt afin de découvrir ce qui se révèle le plus efficace à tout moment. Au stade de la recherche, vous

pourrez lire différents ouvrages, écouter des enregistrements, regarder des vidéos portant sur divers sujets, suivre
des cours, consulter des spécialistes ou des conseillers
jusqu'à ce que vous trouviez une technique ou une
méthode qui vous réussit. Il est probable alors que vous
vous concentrerez sur une ou deux pratiques spécifiques
pendant un certain temps. N'oubliez pas, encore une fois,
que vos besoins changent à mesure que vous évoluez; en
découvrant de nouveaux outils, il est possible que vous
délaissiez pour quelque temps ou que vous abandonniez
complètement ceux que vous utilisiez de façon régulière.
Vous découvrirez peut-être également qu'il y a un temps
pour ranger tous les outils de croissance et prendre le temps
d'être, tout simplement !

Certains des outils qui m'ont été les plus utiles dans ma
démarche au cours des ans sont (approximativement dans
l'ordre où ils sont entrés dans ma vie): la danse, le hatha
yoga, la méditation, le concept selon lequel nous créons
notre propre réalité, les techniques de visualisation créatrice, le recours aux affirmations, l'identification et la sup-
pression des croyances enracinées, plusieurs approches de
travail intérieur et thérapeutiques associées à la guérison
émotionnelle, le travail et le massage corporels, l'approche
consistant à écouter et à suivre son guide intérieur, le balan-
cement des énergies masculines et féminines, le programme en douze étapes pour les problèmes de
dépendance, la psychologie des sous-personnalités et le dialogue intérieur. Il y en a eu beaucoup d'autres. J'ai mentionné les précédents non pour les endosser plus
particulièrement, mais pour vous donner un aperçu de la
gamme d'outils qui m'ont servi à différentes périodes – et
qui me servent encore.

5. Permettre la guérison

Accordez la priorité au développement de la conscience dans votre vie. Donnez-vous le temps et l'espace pour que votre processus de guérison puisse s'accomplir à tous les niveaux. Peu importe le type de soutien que vous vous êtes donné ou les outils que vous avez choisis, le processus fondamental de guérison exige que vous acquériez la connaissance et la conscience de soi, que vous appreniez à accepter tous les aspects de votre être avec sérénité, ainsi qu'à vous faire confiance, à prendre soin de vous et à vous aimer.

Nous avons tous été blessés à un certain degré, à cause de l'inconscience et de la dénégation qui existent actuellement sur la planète. Bien sûr, certains ont souffert plus que d'autres, et auront donc besoin de consacrer plus de temps et d'énergie à leur guérison. Évitez de comparer votre démarche à celle de toute autre personne. Nous avons tous une quête à mener et chacune diffère selon les leçons que nous sommes venus apprendre dans la vie présente et les dons particuliers que nous sommes venus partager – et partout où existe la souffrance la plus profonde, il y aura une leçon des plus précieuses à tirer. C'est là également que vous découvrirez en grande partie ce que vous devez partager avec autrui.

Rappelez-vous que la guérison ne s'obtient pas du jour au lendemain – c'est une démarche continue. Souvent inconfortable et parfois douloureuse, elle demeure l'une des aventures les plus fascinantes et gratifiantes que la vie puisse offrir. Faites confiance à votre processus de guérison et laissez-le se dérouler dans le temps et dans l'espace, à sa façon.

6. Exprimer sa créativité

Découvrez des façons d'exprimer votre créativité. Chaque individu est créateur par nature, et l'expression de notre créativité tient une place importante dans la recherche de la totalité et de la réalisation. En fait, l'incapacité de donner libre cours à notre énergie créatrice innée est à l'origine de plusieurs problèmes de dépendance, de souffrances spirituelles, mentales, émotionnelles et physiques. Plus nous faisons l'expérience de la guérison à tous les niveaux, plus notre créativité commence à se faire jour.

Si vous avez l'impression que votre créativité a été bloquée, il sera peut-être nécessaire de faire un travail de guérison émotionnelle spécifiquement en rapport avec ce domaine. Trouvez une personne-ressource qui vous aidera à découvrir comment et pourquoi votre énergie créatrice a été refoulée ou arrêtée, et ce qui l'empêche de circuler librement.

Le fait de prendre contact avec votre enfant intérieur et de travailler à sa guérison peut contribuer à libérer votre créativité. Les jeunes enfants sont d'intarissables créateurs, car ils n'ont pas encore d'inhibitions. Souvent, notre créativité est freinée et étouffée dès que nous commençons à développer en nous le *critique* et le *perfectionniste* intérieurs. Notre côté perfectionniste nous dit comment nous devons faire les choses et nous fixe des normes très élevées. Notre critique intérieur relève toutes les fois où nous sommes au-dessous de la perfection. (Comme nous sommes humains, cela veut dire presque constamment!) Cela peut nous décourager d'essayer de nouvelles choses ou de nous exprimer, car nous craignons de ne pas être à la hauteur. Il est possible que nous devions travailler consciemment à la guérison de notre critique et de notre perfectionniste intérieurs, qui, en fait, tentent simplement de nous mettre à l'abri des attaques extérieures en s'efforçant de faire de nous des êtres aussi parfaits que possible. Tout en tenant compte de leurs bonnes intentions, ce ne serait peut-être pas une mauvaise idée de les amener à prendre leur rôle un peu moins au sérieux. À ce moment-là, il serait beaucoup plus facile d'entrer en rapport avec l'enfant spontané qui nous habite et de l'encourager à s'exprimer davantage dans notre vie.

Pour stimuler notre créativité personnelle, nous devons nous délasser un peu, avoir du plaisir, être aventureux. Nous devons prendre des risques afin de trouver de nouvelles façons de nous exprimer. Commencez par de petites choses. Essayez des activités qui vous paraissent agréables et créatives – faites un dessin, du bricolage, suivez un cours de cuisine, inscrivez-vous à un cours d'art, de danse ou d'arts martiaux, apprenez à jouer d'un instrument, joignez-vous à une troupe de théâtre amateur, commencez à pratiquer un sport, rédigez un poème ou une nouvelle, faites un jardin. Adonnez-vous à cette activité uniquement pour votre plaisir, non pour recevoir l'approbation de qui que ce soit. La créativité a pour fin votre épanouissement personnel, non de plaire à autrui ou d'obtenir son approbation.

N'oubliez pas que la créativité prend diverses formes et s'extériorise de façon tout à fait unique chez chaque individu. Vous pouvez exprimer votre créativité principalement par votre travail, l'éducation de vos enfants, votre hobby préféré, la rénovation ou la décoration de votre demeure, votre habillement, le jardinage ou la cuisine, ou la guérison.

7. Partager avec autrui

Il est essentiel de transmettre à d'autres personnes les connaissances que nous avons acquises et les dons que nous avons reçus afin de mener à bien ce processus de guérison et de croissance à tous les niveaux. Aucun élément n'est pleinement intégré en nous tant que nous ne l'avons pas extériorisé dans notre vie, de sorte qu'il ait une influence transformatrice sur autrui.

Toutefois, il n'est pas nécessaire de faire des efforts en ce sens. Cela se produit naturellement lorsque nous observons les six autres étapes. Cela se passe avant tout sur le plan énergétique. Plus nous réalisons notre guérison intérieure, plus la force vitale est en mesure de circuler dans notre corps. Cette force vitale agit sur chaque personne que nous rencontrons, indépendamment de nos paroles ou de nos actions. L'univers se déverse littéralement en nous pour « ramener les gens à la conscience », pour que s'amorce ou s'accélère leur processus de transformation. En élargissant notre conscience, nous influençons la conscience collective dans le sens du changement, ce qui a ensuite un effet sur la réalité de chacun.

En exprimant notre créativité plus pleinement et librement dans notre travail et grâce à nos autres centres d'intérêt, nous apportons notre concours à autrui de façon plus évidente et spécifique. Plusieurs d'entre nous s'intéressent peut-être à une forme particulière de travail de guérison ou de croissance et souhaitent partager les outils et le soutien qui leur ont été si précieux. Cette attitude est extrêmement gratifiante et enrichissante, et l'image qui nous est reflétée par les gens avec qui nous travaillons nous aide très certainement à pousser plus avant notre propre processus d'intégration. En outre, ainsi que plusieurs l'ont découvert, en étant au service des autres, nous pouvons vivre l'une des expériences les plus exaltantes que la vie puisse offrir!

La nature de nos activités importe peu cependant. Si nous avons un don et une prédilection pour la réparation des automobiles, l'étude d'une espèce d'insectes peu connue au cœur de la forêt, la vente d'ordinateurs ou le gardiennage d'enfants, et que nous le faisons avec amour et intégrité, nous aurons un effet de guérison sur chaque personne que nous rencontrons et sur la Terre elle-même.

LA RÉALISATION DE NOTRE OBJECTIF SUPÉRIEUR

Notre objectif supérieur correspond à ce que nous sommes venus accomplir ici, sur le plan de l'âme. Nous sommes nés avec les intérêts, les talents et les aptitudes voulus pour réaliser cet objectif.

Chaque être qui entre dans cette vie a des leçons à apprendre et des dons à partager. Plus nous apprenons et grandissons, plus nous acquérons la capacité de développer et de partager ces dons naturels.

En observant les sept étapes de l'aventure de la transformation, exposées à grands traits à l'intérieur du chapitre précédent, nous constatons que nous sommes amenés à découvrir et à réaliser notre objectif supérieur. Cet objectif supérieur consiste, en substance, à partager notre don particulier.

Notre objectif supérieur correspond à ce que nous sommes venus accomplir ici, sur le plan de l'âme. Nous sommes nés avec les intérêts, les talents et les aptitudes voulus pour réaliser cet objectif. En réalité, à notre entrée dans le monde, il est fort probable que nous choisissons la famille et le milieu qui nous procureront dans une juste proportion le soutien et les défis dont nous avons besoin pour réaliser efficacement nos buts. Certains d'entre nous choisissent de recevoir un plus grand soutien dans leur enfance, d'autres optent pour un milieu propice aux défis d'ordre spirituel, mental, émotionnel ou physique! Quel que soit le milieu dont nous sommes issus, en parvenant à assimiler les connaissances qu'il peut offrir, nous serons en voie de reconnaître et d'exprimer notre objectif supérieur.

Il y a de fortes chances que nous percevions déjà l'objectif supérieur dans notre vie. Généralement, il est présent dès le départ et s'exprime à travers ce que nous sommes, même dans notre enfance. Les choses que nous faisons facilement et tout naturellement, nos centres d'intérêt et nos talents innés, les connaissances et les habiletés que nous avons été portés à acquérir, ainsi que le type de gens et d'activités qui nous attirent, tout cela est révélateur de notre objectif supérieur. Il est possible que nous soyons déjà en train d'exprimer cet objectif avec tant de facilité et de naturel que cela va de soi. Dans un tel cas, nous éprouverons un sentiment de plénitude et de satisfaction chaque fois que cet aspect de notre vie sera en cause.

Plusieurs d'entre nous n'ont pas encore découvert leur objectif supérieur, auquel cas nous nous sentirons insatisfaits et fébriles jusqu'à ce que cela se produise. On dit souvent que nous ne voyons pas nos plus grands talents. Bien des fois, ce sont nos amis et nos proches qui les perçoivent le plus clairement. Souvent, ces dons, que les autres apprécient tant chez nous, nous les exprimons tout naturellement et peut-être même automatiquement. Si nous avons tant de difficulté à les identifier, c'est en partie parce que nous les associons à des activités que nous trouvons faciles, agréables et que nous accomplissons sans effort.

Ces dons particuliers nous permettent de connaître notre objectif supérieur. Pour ce faire, songez d'abord à des amis très chers. Puisque nous sommes des miroirs les uns pour les autres, imaginez que vous leur demandez, pour commencer, ce qu'ils apprécient en vous. Que leur apportez-vous qui ajoute à leur vie ? Vous pouvez même leur demander : « Quel aspect de mon être reflète ce qu'il y a de meilleur en toi ? »

Les réponses que vous obtiendrez pourront d'abord sembler très simples ou banales, mais essayez de ne pas en sous-estimer l'importance. En fait, une fois que vous avez commencé à prendre conscience de vos dons, vous pouvez chercher des moyens de les exercer de façon plus consciente. Par exemple, une patiente, que j'appellerai Lorna, a découvert que ses meilleurs amis appréciaient le plus chez elle la qualité de son écoute, dont ils avaient éprouvé l'effet à la fois calmant et dynamisant. Lorna n'avait jamais envisagé ce trait comme un don particulier, puisque cela lui était si naturel. Toutefois, au cours des jours suivants, elle commença à observer davantage que son écoute semblait en effet encourager les gens, leur donner la force dont ils avaient besoin pour résoudre leurs problèmes ou réaliser des projets qu'ils ne cessaient de remettre au lendemain.

Plus Lorna prenait conscience de son don particulier, plus elle le voyait comme l'expression d'un objectif supérieur. La dernière fois que je lui ai parlé, elle envisageait toutes les avenues qui lui permettraient d'exprimer son talent dans le cadre d'une profession. Elle avait plusieurs options à cette époque, dont celles de travailler pour une entreprise spécialisée dans l'enseignement des techniques de la communication ou de retourner aux études pour décrocher le diplôme universitaire qui lui permettrait d'exercer la profession de psychothérapeute. Les deux voies promettaient de mettre à profit ses talents innés.

Dernièrement, j'ai vu une histoire captivante au bulletin d'informations télévisé. On présentait un reportage spécial sur un homme qui conduit une balayeuse de rue. Apparemment, il éprouve une grande fascination pour les balayeuses de rues depuis sa plus tendre enfance ! Sa mère montra des dessins et des modèles réduits qu'il avait faits lorsqu'il était enfant. Aujourd'hui, il est propriétaire de son véhicule et tout à fait heureux de le conduire pour gagner sa vie. C'est un homme chaleureux, amical, qui adore visiblement la vie qu'il mène. Un extraordinaire rayonnement paraît émaner de son être partout où il va. Il ne nous viendrait pas à l'idée qu'un conducteur de balayeuse de rues puisse réaliser son objectif supérieur, mais cet homme en est la preuve vivante !

Ainsi que je l'ai mentionné antérieurement, je passais tout mon temps à lire et à écrire des histoires lorsque j'étais enfant. J'avais l'habitude d'imaginer que j'entrais dans une bibliothèque où il y avait tout un rayon de livres dont j'étais l'auteure ! À cette époque, je dévorais les livres consacrés aux chevaux et aux autres animaux, et j'étais donc convaincue que j'écrirais sur ce sujet.

Les années ont passé... j'ai oublié ce rêve et je n'ai plus écrit. Ce n'est qu'après avoir rédigé et publié mon premier ouvrage, *Techniques de visualisation créatrice*, que je me suis rappelé qu'enfant, je rêvais de devenir écrivain. Je sais à présent, bien sûr, que mon objectif supérieur consiste en majeure partie à écrire sur la conscience et à l'enseigner. Je n'ai pas projeté ou décidé de le faire. Cela s'est développé à partir de ma démarche, et de ce que je suis par essence. J'écris et j'enseigne parce que je suis forcée de le faire pour mon propre apprentissage et également pour partager mes talents particuliers avec autrui. Il m'est impossible de ne *pas* le faire !

Si vous n'avez pas l'impression d'avoir identifié votre objectif supérieur et que vous aimeriez le faire, demandez à votre guide intérieur de vous faire prendre conscience de votre mission et de vous donner des informations et des précisions sur ce sujet. Demandez-vous quelles sont les activités qui vous procurent le plus de plaisir, ou que vous vous surprenez à accomplir fréquemment. Qu'est-ce qui vous permet de vous exprimer le plus facilement et le plus naturellement ? Quels rêves vous habitaient dans votre enfance ? Qu'imaginez-vous ou qu'envisagez-vous pour vous-mêmes à présent ? Prenez quelque temps pour explorer vos rêves.

N'attendez pas de réponses immédiates à ces questions. Soyez patients avec vous-mêmes. La découverte et la réalisation de votre objectif supérieur est un processus qui peut s'étendre sur plusieurs années. Vous ne pouvez le forcer ou l'accélérer, puisqu'il est indissociable de votre épanouissement. Acceptez de vivre avec ces questions sans exiger de réponses. Elles viendront certainement, mais elles pourront vous prendre à l'improviste ou vous surprendre. N'oubliez pas qu'avec le temps, votre travail intérieur mettra automatiquement en évidence votre objectif supérieur.

Vous devez vous rappeler que votre objectif supérieur ne se limite pas à ce que vous faites. Il correspond aussi à ce que vous êtes – un mariage unique d'énergie, de personnalité et de forme matérielle apportant un élément tout à fait spécial dans le monde. N'oubliez pas que vous ne rencontrerez jamais une personne ayant le même objectif supérieur que vous, car votre mission est unique ! Elle n'existait pas avant que vous l'exprimiez.

Ainsi que l'exprimait Martha Graham :

Il y a une vitalité, une force de vie, une énergie, un élan qui s'exprime en actions à travers vous. Et cette expression est unique, parce qu'il n'y aura jamais une personne identique à vous. Et si vous faites obstacle à cette expression, nul autre véhicule ne lui permettra d'exister... le monde en sera privé. Ce n'est pas à vous de déterminer si elle est satisfaisante, valable, ou si elle supporte la comparaison avec ce que d'autres expriment. C'est à vous de conserver à cette expression son authenticité, de maintenir le canal ouvert[16].

IMAGINONS L'AVENIR ENSEMBLE

J'ai été très longtemps perturbée aussi bien par les difficultés que je rencontrais dans ma vie personnelle que
par la souffrance et la douleur que je voyais dans le monde.
Après plusieurs années de travail intérieur, j'avais réussi à
établir un lien solide avec mon moi spirituel. Sous cet
éclairage, je pouvais reconnaître la perfection du processus
dans son ensemble; je croyais qu'il y avait un sens, une fin à
tout cela, et que tout finirait par s'arranger. Mon côté
humain était moins convaincu; et sur le plan émotionnel, je
m'inquiétais pour mon avenir personnel et pour celui de la
planète. Je doutais que mes désirs se réalisent un jour et
plus encore que soient comblés les besoins de tous les habitants de la Terre.

Alors que mon processus de guérison se poursuit toujours plus en profondeur, je me rends compte que les
aspects de mon être sont beaucoup mieux intégrés. Cela
rejaillit sur ma vie personnelle, qui devient peu à peu mieux
réglée et plus satisfaisante. Certains des schémas qui me
causaient le plus de difficultés sont en train de disparaître
lentement et je découvre de nouveaux comportements plus
efficaces. Je vois plusieurs de mes désirs les plus chers se
réaliser. Est-ce qu'il m'arrive d'être coincée ou frustrée?

Oui, très souvent! Mais pas aussi profondément ou longtemps qu'auparavant. En voyant ma vie et celle de plusieurs autres personnes qui me sont chères s'épanouir de façon surprenante, ma confiance en l'efficacité réelle des principes que j'ai mis en pratique et enseignés s'est affermie.

Ma guérison intérieure s'est accompagnée d'une confiance accrue dans le processus de guérison qui est en cours dans notre monde. Avant, je ne savais pas si nous serions réellement capables de changer assez rapidement ou si nous devrions simplement passer à un autre plan d'existence pour poursuivre notre quête.

Il m'arrive encore à l'occasion d'être assaillie par la crainte et le doute lorsque je suis forcée de faire face à certains aspects plus tragiques de notre réalité. Je m'attends à ce que plusieurs situations se détériorent avec l'effondrement de l'ordre établi. Pourtant, au fond de moi-même, j'ai plus que jamais le sentiment que nous sommes participants à un processus de transformation qui prend place ici, sur la Terre. Je crois que nous nous acquitterons de notre tâche avec succès, et que plusieurs d'entre nous en verrons les résultats matériels au cours de leur existence terrestre.

Donc, j'aimerais que vous vous joigniez à moi ainsi qu'à tous les autres lecteurs de ce livre pour imaginer l'avenir. Tout comme nous l'avons fait au début du présent ouvrage, je vais vous demander de fermer les yeux et d'imaginer l'avenir. Cette fois, j'aimerais que vous accordiez une attention toute spéciale à vos idées les plus créatrices. Si des doutes ou des craintes surgissent, prenez-en conscience et acceptez qu'ils existent aussi. Appliquez-vous ensuite à élargir votre rêve. Ne lui fixez pas de limites. Permettez-lui de prendre autant d'ampleur que vous le souhaiteriez.

Installez-vous confortablement, en ayant à votre portée un stylo et du papier, un journal personnel, des crayons, ou tout ce que vous souhaiterez utiliser. Fermez les yeux, respirez lentement et profondément à quelques reprises. Laissez votre conscience se porter dans l'intimité silencieuse de votre être. Posez-vous cette question : « Quelle est ma vision de l'avenir ? »

Appliquez-vous d'abord à imaginer votre avenir personnel de sorte qu'il réponde à vos plus belles espérances. Si vous n'êtes pas sûrs de ce que vous aimeriez vivre, permettez-vous d'y rêver en sachant que vous pouvez changer de rêve chaque fois que vous le voulez. Imaginez que vous avez des rapports plus que satisfaisants avec vous-mêmes sur tous les plans – spirituel, mental, émotionnel et physique. Figurez-vous que l'harmonie et l'équilibre dont vous jouissez intérieurement se reflètent dans chaque aspect de votre vie – vos relations personnelles, votre travail, vos finances, les circonstances de votre vie, vos projets. Acceptez que tous ces aspects soient florissants et profondément satisfaisants.

À présent, agrandissez le champ de votre attention pour imaginer l'avenir du monde qui vous entoure – votre ville, votre pays, l'humanité, la nature, notre planète. Que *tous* reflètent l'intégration et la totalité que vous avez trouvées en vous-mêmes. Imaginez que le monde nouveau se fait jour et se développe de façon saine, harmonieuse et épanouissante. Lâchez la bride à votre imagination. Représentez-vous le monde tel que vous l'aimeriez, un paradis terrestre.

Lorsque vous avez l'impression d'avoir terminé l'exercice, ouvrez les yeux. Si vous le voulez, vous pouvez écrire ou encore dessiner votre vision.

Merci de m'avoir accompagnée. Soyez bénis !

APPENDICE :
EXERCICE DE RELAXATION

Cet exercice a été conçu pour la relaxation très profonde. Il faut un certain temps pour entraîner votre corps et votre esprit à adopter de nouvelles réponses, comme lors de l'apprentissage d'une forme d'activité nouvelle, par exemple, la course à pied ou la bicyclette. Les indications suivantes vous aideront à provoquer une réaction de détente efficace et homogène dans le minimum de temps. Une fois que vous aurez accompli cet exercice au complet à quelques reprises, vous constaterez qu'il vous est possible d'entrer dans un état de relaxation profonde en quelques secondes simplement en fermant les yeux et en respirant à fond.

La majorité des gens trouvent qu'une musique de fond très douce et apaisante constitue un atout majeur pour ce type de relaxation consciente.

Tout d'abord, accordez-vous cinq à dix minutes pour vous détendre complètement, sans songer à ce que vous devriez être en train de faire. Choisissez un coin tranquille ainsi qu'un moment de la journée où il vous sera possible d'exécuter cet exercice.

❖ Desserrez tout vêtement qui vous gêne.

❖ Adoptez une position assise, le dos droit, les mains sur les genoux, paumes ouvertes vers le haut.

❖ Inspirez profondément, puis expirez lentement, en gardant les épaules bien détendues.

❖ Ouvrez grand la bouche. Bâillez ou faites semblant de bâiller.

❖ Relâchez les muscles entourant vos yeux et ceux du front. Décontractez les régions du nez, de la bouche et des mâchoires.

❖ Respirez lentement et naturellement.

❖ Si des émotions ou des pensées vous viennent, faites comme s'il s'agissait d'une sonnerie téléphonique qui résonne au loin, peut-être dans la demeure d'un voisin. Vous entendez que l'on vous « appelle » mais vous n'êtes pas forcés de répondre.

❖ Prenez une inspiration profonde, en inspirant lentement et doucement et imaginez que l'air pénètre dans votre narine droite. Retenez votre souffle un moment, puis expirez doucement et librement, en imaginant que vous exhalez par la narine gauche.

❖ Prenez une autre inspiration profonde, en vous figurant cette fois que l'air pénètre par la narine gauche pour ressortir par la droite.

❖ Concentrez-vous sur ce que vous ressentez en respirant : l'air frais qui entre dans vos narines, gonfle doucement votre poitrine en remplissant vos poumons et crée une légère sensation de chaleur dans vos narines lorsque vous expirez. Il est possible que vous souhaitiez vous représenter l'air qui entre et sort de votre corps sous l'aspect d'une couleur merveilleusement lumineuse.

❖ Répétez ce modèle pour une durée d'au moins quatre cycles complets. Un cycle complet correspond à une inspiration et une expiration.

❖ Pendant chacun des cycles, portez votre attention sur une région de votre corps :

> Sentez la détente dans votre poitrine.
>
> Sentez la détente dans la partie supérieure de votre dos.
>
> Sentez la détente dans vos bras et vos mains.
>
> Sentez la détente dans votre abdomen.
>
> Sentez la détente dans vos fesses.
>
> Sentez la détente dans vos jambes.
>
> Sentez la détente dans vos pieds.

❖ À présent, laissez votre rythme respiratoire revenir à la normale pendant que vous savourez cet état de détente que vous avez créé.

Pratiquez cette méthode de relaxation chaque fois que vous en aurez l'occasion ou que vous éprouverez un besoin de détente et de repos au travail, à la maison ou dans vos loisirs.

NOTES

1. Lors de mon séjour en Inde, il y a plusieurs années, l'image et l'énergie de Shiva m'ont touchée à un tel point que j'ai pris le nom de Shakti, la forme féminine de Shiva. Le nom de notre maison d'édition, Nataraj, réfère à Shiva en tant que danseur cosmique.

2. Il existe un ouvrage bien documenté sur ce phénomène, signé par Gloria Steinem : *Revolution from Within : A Book of Self-Esteem*, New York, Little, Brown, 1992.

3. Ce concept est développé dans mon livre *Return to the Garden*. Édition en français : *Retour au jardin*.

4. Vous trouverez plusieurs exercices pour vous aider à développer la capacité de suivre votre intuition, dans mon livre, *Living in the Light* (Édition en français : *Vivez dans la lumière*). Ou vous trouverez peut-être utile d'écouter ma cassette audio, *Developing Intuition*.

5. Le livre de Martia Nelson, *Coming Home : The Return to True Self*, propose plusieurs méditations et pratiques spirituelles simples et agissantes.

6. Hal et Sidra Stone abordent ce sujet dans un ouvrage excellent et fort utile, *Embracing Your Inner Critic*. Édition en français : *Votre critique intérieur : ennemi ou allié*.

7. Publié chez Dutton, New York, 1992.

8. Adaptation des travaux de Gabrielle Roth, auteure du livre *Maps to Ectasy : Teachings of an Urban Shaman*. (Édition en français : *Les Voies de l'extase : Enseignements d'une chamane de la ville*.) Elle a également produit d'excellents enregistrements musicaux qui se prêtent bien à la réalisation de cet exercice. Veuillez vous référer à la bibliographie.

9. Les lecteurs se demanderont peut-être s'il est possible de faire un rapprochement entre le concept des sous-personnalités et le trouble de la personnalité multiple. Pour simplifier, disons que nous avons tous plusieurs sous-personnalités ou moi différents à l'intérieur de nous. Toutefois, lorsqu'une personne subit de graves violences ou traumatismes dans son enfance, ces énergies peuvent se fractionner en plusieurs parties distinctes, qui ont peu ou aucunement conscience les unes des autres, de même qu'une très faible cohésion. Donc, au lieu de travailler de concert au sein d'un tout plus ou moins homogène, comme c'est le cas pour la personnalité relativement saine, la personne atteinte du trouble de la personnalité multiple passe d'un moi à l'autre comme s'il s'agissait chaque fois de son moi unique. Heureusement, plusieurs personnes souffrant du trouble de la personnalité multiple trouvent la guérison en suivant une thérapie.

10. Édition en français : *Faites vivre votre enfant intérieur : jeu, dialogue et art-thérapie.*

11. Édition en français : *Les Relations, source de croissance.*

12. Tiré du livre de Sam Keen, *Faces of the Ennemy*, New York, Harper and Row, 1986.

13. Paru dans *Revision*, vol.12, no.4.

14. Ce programme a été mis en place aux États-Unis pour venir en aide aux très jeunes enfants qui éprouvent des difficultés dans l'acquisition du langage en raison de problèmes physiques ou de facteurs sociaux. [N.d.T.]

15. Si vous voulez en apprendre davantage sur ma vie, j'ai écrit un ouvrage autobiographique intitulé *Return to the Garden*. Édition en français : *Retour au jardin.*

16. Agnes DeMille, *Dance to the Piper*, Atlantic Monthly Press, 1952.

BIBLIOGRAPHIE

Livres:

BODINE, Echo. *Passion to Heal: The Ultimate Guide to Your Healing Journey.* (Mill Valley, CA: Nataraj Publishing, 1993).

CAPPACHIONE, Lucia. *The Power of Your Other Hand: A Course in Channeling the Inner Wisdom of the Right Brain.* (North Hollywood, CA: Newcastle Publishing Co., Inc., 1988).

CAPPACHIONE, Lucia. *Recovery of Your Inner Child.* (New York: Simon and Schuster, 1991). Édition en français: *Faites vivre votre enfant intérieur: jeu, dialogue et art-thérapie*, Montréal, Stanké, 1994.

GAWAIN, Shakti. *Creative Visualization.* (San Rafael, CA: New World Library, 1978). Édition en français: *Techniques de visualisation créatrice: utilisez votre imagination pour atteindre vos buts*, Genève, Vivez Soleil, 1986.

GAWAIN, Shakti (avec Laurel King). *Living in the Light: A Guide to Personal and Planetary Transformation.* (Mill Valley, CA: Nataraj Publishing, 1993; édition originale: New World Library, 1986). Édition en français: *Vivez dans la lumière: guide de transformation personnelle et planétaire*, Barret-le-Bas, Le Souffle d'Or, 1986.

GAWAIN, Shakti. *Return to the Garden: A Journey of Discovery.* (Mill Valley, CA: Nataraj Publishing, 1993; édition originale: New World Library, 1989). Édition en français: *Retour au jardin: autobiographie*, Barret-le-Bas, Le Souffle d'Or, 1991.

GAWAIN, Shakti. *Awakening: A Daily Guide to Conscious Living.* (Mill Valley, CA: Nataraj Publishing, 1993; édition originale: New World Library, 1991). Édition en français: *Un instant, une pensée: pensées et affirmations quotidiennes*, Barret-le-Bas, Le Souffle d'Or, 1989.

HENDRIX, Harville. *Getting the Love You Want.* (New York: Henry Holt & Co., 1988).

LUVAAS, Tanha. *Notes from My Inner Child: I'm Always Here.* (Mill Valley, CA: Nataraj Publishing, 1993).

METZGER, Deena. *Writing for Your Life: A Guide and Companion to the Inner Worlds.* (San Francisco: Harper San Francisco, 1992).

NELSON, Martia. *Coming Home: The Return to True Self.* (Mill Valley, CA: Nataraj Publishing, 1993).

OSTERBERG, Rolf. *Corporate Renaissance: Business as an Adventure in Human Development.* (Mill Valley, CA: Nataraj Publishing, 1993).

ROTH, Gabrielle. *Maps to Ecstasy: Teachings of an Urban Shaman.* (Mill Valley, CA: Nataraj Publishing, 1993; édition originale: New World Library, 1989). Édition en français: *Les Voies de l'extase: Enseignements d'une chamane de la ville*, Montréal, Éditions du Roseau, 1993 / Fillinges, Carthame, 1993.

STONE, Hal et Sidra. *Embracing Our Selves: The Voice Dialogue Manual.* (Mill Valley, CA: Nataraj Publishing, 1993; édition originale: New World Library, 1989). Édition en français: *Le Dialogue intérieur, connaître et intégrer nos subpersonnalités*, Barret-le-Bas, Le Souffle d'Or, 1991.

STONE, Hal et Sidra. *Embracing Each Other: Relationship as Teacher, Healer, and Guide.* (Mill Valley, CA: Nataraj Publishing, 1993; édition originale: New World Library, 1989). Édition en français: *Les Relations, source de croissance*, Barret- le-Bas, Le Souffle d'Or, 1991.

STONE, Hal et Sidra. *Embracing Your Inner Critic: Turning Self- Criticism into a Creative Asset.* (San Francisco: Harper San Francisco, 1993). Édition en français: *Votre critique intérieur: ennemi ou allié*, Barret-le-Bas, Le Souffle d'Or, 1993.

Enregistrements audio et vidéo:

GAWAIN, Shakti: COURS ET MÉDITATIONS SUR CASSETTES AUDIO:

> *Creative Visualization.* (San Rafael, CA: New World Library).
>
> *Developing Intuition.* (Mill Valley, CA: Nataraj Publishing).
>
> *Relationships as Mirrors.* (San Rafael, CA: New World Library).
>
> *Contacting Your Inner Guide.* (San Rafael, CA: New World Library).
>
> *The Male and Female Within.* (San Rafael, CA: New World Library).
>
> *Discovering Your Inner Child.* (San Rafael, CA: New World Library).

Expressing Your Creative Being. (San Rafael, CA: New World Library).

GAWAIN, Shakti. *Living in the Light: Book on Tape.* Condensé du livre. (Mill Valley, CA: Nataraj Publishing, 1993).

GAWAIN, Shakti. *The Path of Transformation: Book on Tape.* Condensé du livre. (Mill Valley, CA: Nataraj Publishing, 1993).

GAWAIN, Shakti. *The Path of Transformation.* Conférence sur cassette vidéo. (Carson, CA: Hay House, Inc., 1992).

ROTH, Gabrielle: MUSIQUE CORPORELLE, CASSETTES AUDIO:

Initiation. (New Jersey: Raven Recordings, 1988).

Bones. (New Jersey: Raven Recordings, 1989).

Ritual. (New Jersey: Raven Recordings, 1990).

Waves. (New Jersey: Raven Recordings, 1991).

Trance. (New Jersey: Raven Recordings, 1992).

ROTH, Gabrielle. *Ecstatic Dance: A Workout for Body and Soul.* Cassette vidéo de mouvements corporels. (New Jersey: Raven Recordings, 1993).

STONE, Hal et Sidra: COURS SUR CASSETTES AUDIO:

Meeting Your Selves. (Albion, CA: Delos)

The Child Within. (Albion, CA: Delos)

Meet Your Inner Critic. (Albion, CA: Delos)

Meet the Pusher. (Albion, CA: Delos)

The Dance of Selves in Relationship. (Albion, CA: Delos)

Understanding Your Relationships. (Albion, CA: Delos)

Decoding Your Dreams. (Albion, CA: Delos)

The Patriarch Within. (Albion, CA: Delos)

Pour obtenir des renseignements sur les livres et les enregistrements de Shakti Gawain et sur les autres titres publiés chez Nataraj Publishing, New World Library, Delos, ou Raven Recordings, demandez un catalogue gratuit en écrivant à l'adresse suivante:

Nataraj Publishing
P.O. Box 2627
Mill Valley, CA 94942

Ateliers :

Shakti Gawain donne des conférences et anime des ateliers partout aux États-Unis et dans plusieurs autres pays. Elle dirige en outre des retraites, des séminaires intensifs et des programmes de formation. Si vous désirez recevoir régulièrement des informations sur ses activités et les ateliers, écrivez ou téléphonez à :

Shakti Gawain, Inc.
P.O. Box 377
Mill Valley, CA 94942
Téléphone : (415) 388-7140

Shakti et son époux, Jim Burns, possèdent une magnifique propriété sur l'île de Kauai, dans l'archipel d'Hawaï. Ils louent des chambres et une villa aux individus et aux couples qui souhaitent faire une retraite. Pour plus de renseignements ou pour réserver, téléphonez ou écrivez à :

Kai Mana
P.O. Box 612
Kilauea, Hawaï 96754
Téléphone : (808) 828-1280

Pour obtenir des renseignements sur les cours et les ateliers offerts par Hal et Sidra Stone, adressez-vous à :

Delos
P.O. Box 604
Albion, CA 95410

Pour obtenir des informations sur les ateliers de Gabrielle Roth, adressez-vous à :

Raven Recording
P.O. Box 2034
Red Bank, N.J. 07701
Téléphone : 1-800-76-RAVEN

TABLE DES MATIÈRES